JUNGIANA

Beiträge zur Psychologie von C. G. Jung

CARL GUSTAV JUNG hat, über SIGMUND FREUD hinausgehend, das kollektive Unbewußte entdeckt. Er betonte in seinen Forschungen stets die Autonomie und Wirklichkeit der ‹objektiven Psyche›, wie er das Unbewußte auch genannt hat. Wir wissen nicht, was die unbewußte Psyche ‹an sich› ist; sie ist und bleibt ein größtes Geheimnis des Lebens, und wir erkennen sie nur an ihren Wirkungen auf das Bewußtsein. In religiöser Sprache wäre sie der deus absconditus, der unbekannte Gott.

In diesen Beiträgen zur Psychologie von C. G. JUNG sollen Autoren zu Wort kommen und Arbeiten aufgenommen werden, die sich um die Erforschung der autonomen Psyche und ihrer Wirkung bemühen. Viele Jungsche Analytiker wissen, daß die Quelle ihrer therapeutischen Möglichkeiten in der eigenen schöpferischen Arbeit liegt. Die meisten von ihnen arbeiten zurückgezogen an dem, was aus dem Unbewußten in ihr Bewußtsein drängt. Sie versuchen, den unbewußten archetypischen Impulsen zu folgen, welche die Modeströmungen des Zeitgeistes kompensieren, und so Anwort zu geben auf die bedrückenden Probleme unserer Zeit. Sie arbeiten im besten Sinne am ‹Mysterium coniunctionis›, an der Vereinigung der immer gefährlicher auseinanderklaffenden Gegensätze.

Naturgemäß finden diese Arbeiten weniger Zugang nach außen. Meistens sind sie auch nicht aus einer solchen Absicht heraus entstanden und doch oft so bedeutend, daß sie einer weiteren Öffentlichkeit zugänglich gemacht werden sollten. Dieses Ziel soll durch die Herausgabe von zwei getrennten Reihen der JUNGIANA erreicht werden:

– Die Reihe A ist vorgesehen für kürzere Beiträge oder Manuskripte zu Vorlesungen, Vorträgen, Seminarien und Kursen.
– Die Reihe B ist größeren, eigenständigen Monographien vorbehalten.

Vorlagen und Hinweise zur Gestaltung der Manuskripte sind zu beziehen beim Verlag Stiftung für Jung'sche Psychologie, CH-8700 Küsnacht. Über die Aufnahme eines Manuskriptes entscheidet der Stiftungsrat.

JUNGIANA

Beiträge zur Psychologie von C. G. Jung

Reihe A Band 1

Verlag Stiftung für Jung'sche Psychologie
Küsnacht

Herausgegeben von der Stiftung für Jung'sche Psychologie

Hergestellt in den Werkstätten der Fotorotar AG, Egg ZH
Printed in Switzerland
ISBN 3-908116-01-5

Inhaltsverzeichnis

Vorwort

Es ist JUNGs größtes Verdienst, für unsere Zeit den Zugang zum kollektiven Unbewußten – zum Wasser des Lebens – wieder erschlossen zu haben. Die Alchemisten sahen das Strömen des Lebenswassers im fons mercurialis, im Merkurbrunnen, den wir als Bild und Symbol für unsere Schriftenreihe gewählt haben. Der Mercurius verkörpert den autonomen, lebendigen Geist des kollektiven Unbewußten, das Wasser des Brunnens die Fülle der aus dem Unbewußten kompensatorisch zum Bewußtsein aufsteigenden archetypischen Bilder der Seele, wie wir sie in Träumen, Visionen, Imaginationen erfahren können.

Zu jeder Zeit hat der homo religiosus versucht, den Zugang offen zu halten zu den Quellen der eigenen inneren Erfahrung, zur Erfahrung des Göttlichen, weil er ohne dieses ‹Wasser› nicht hat leben können. Oft waren es Einsame, Leidende, Verfolgte, die gemäß ihren geistigen Voraussetzungen versuchten, diese Bilder festzuhalten, zu gestalten, einzuordnen, zu verstehen.

Das ernsthafte Bemühen um das Verstehen ist unabdingbar, auch wenn wir wissen, daß all «unser Erkennen nur Stückwerk ist» (1. Kor. 13,9). Die archetypischen Bilder sind Symbole, deren Sinn im letzten unauslotbar, nicht erklärbar ist. Sie sind immer umfassender als unser Bewußtsein. Und doch ist jede Zeit, wie JUNG geschrieben hat, «jede neu errungene Stufe von kultürlicher Bewußtseinsdifferenzierung mit der Aufgabe konfrontiert, eine neue und der Stufe entsprechende *Deutung* zu finden, um nämlich das in uns noch existierende Vergangenheitsleben mit dem Gegenwartsleben, das jenem zu entlaufen drohte, zu verknüpfen. Geschieht dies nicht, so entsteht ein wurzelloses, an der Vergangenheit nicht mehr orientiertes Bewußtsein, welches hilflos allen Suggestionen erliegt, das heißt praktisch für psychische Epidemien anfällig wird. Mit der verlorenen Vergangenheit, welche eben das ‹Unansehnliche›, Entwertete und nicht mehr Aufzuwertende geworden ist, ist auch der Heilbringer verlorengegangen, denn der Heilbringer ist entweder das Unansehnliche selber, oder er geht aus diesem hervor.»[1]

Die Deutung der durch das Unbewußte konstellierten Bilder ist *die* schöpferische Aufgabe. Schöpferischsein bedeutet Bewußtseinserweiterung: Ein bisher unverstandener Inhalt des Unbewußten, der dringend bewußt werden sollte, findet Anschluß ans Bewußtsein. Jeder der Autoren dieses Bandes hat versucht, dieser Aufgabe gerecht zu werden und so ein Stück weit die Verbindung mit den Wurzeln wieder herzustellen.

BARBARA HANNAH, die Verfasserin des ersten Beitrags, ist am 4. September 1986 im hohen Alter von 95 Jahren in Küsnacht gestorben. Sie war eine wahrhaft individuierte Frau und hatte mit seltener Klarheit Einsicht in das Wirken des Selbst und von Animus und Anima. Von den bisher nur in englischer Sprache gedruckten Vorträgen über den Animus erscheint hier in einer Übersetzung ihre Interpretation der Befreiung Sarahs aus dem alttestamentlichen apokryphen Buch Tobit von dem Dämon Asmodäus, der ihre ersten sieben Ehemänner ermordet hatte. Diese Befreiung und die Heirat Sarahs mit Tobias entspricht der Wandlung des negativen, zerstörerischen Animus' einer Frau zu einem hilfreichen Gefährten. Der Animus wird in ihr «zu einer religiösen Funktion, welche dem Ich in seiner lebenslangen Aufgabe zur Entdeckung des Selbst, des göttlichen Funkens im Menschen, beisteht.» Wir beabsichtigen, in der JUNGIANA weitere Vorträge von BARBARA HANNAH zu veröffentlichen.

EVA WERTENSCHLAG-BIRKHÄUSER versteht es, einen schwierigen alchemistischen Text, das Gespräch zwischen Khalid und Morienus, in eine Verbindung mit dem heutigen Leben zu bringen, insbesondere mit dem durch die Liebe bedingten Leiden und entsprechenden Träumen. Ihre Ausführungen erhellen beides: die alchemistischen Vorstellungen und damit die modernen Träume, und sie zeigen, wie gerade im mißachteten Schatten und in unserer körperlichen Naturseite ein höchster Wert, ein göttlicher Sinn verborgen liegt, zu dem wir nur gelangen können, wenn wir diese Naturseite in umfassendem Sinn anerkennen.

HANSUELI F. ETTER wurde als Anthropologe mit der Untersuchung der Schädelreliquie des heiligen Meinrad aus dem Kloster Einsiedeln auf ihre historische Echtheit hin betraut. Deren Ergebnisse sind 1984 veröffentlicht worden.[2] In der hier vertieften Darstellung von Meinrads Lebensweg und Sterben zeichnet der Autor sorgfältig das verborgene Muster des Individuationswegs des Heiligen nach, der durch seine introvertierte Zuwendung zur Natur und zum Weiblichen und sein Offensein für die ‹dunkeln Gedanken Gottes› schon damals in einem gewissen Gegensatz zur extravertiert patriarchalen Haltung der christlichen Kirche stand. Es ist in hohem Maße sinnvoll, daß die Legende die Verehrung der Schwarzen Madonna in Einsiedeln auf den heiligen Meinrad zurückführt. Sie ist «heute das einzige noch wirklich lebendige Symbol der Kirche» und kompensiert die zu einseitig-lichte Geisteshaltung des Christentums.

Mit der Anerkennung und Wandlung des Archetyps des Weiblichen befaßt sich auch GOTTHILF ISLER in seinem Aufsatz über den ‹Schlangenkuß›. Es gibt im Alpengebiet zahllose Volkssagen, die von der mißlungenen oder geglückten Erlösung einer weiblichen jenseitigen Gestalt handeln. Psychologisch gesehen sprechen viele dieser Sagen von der schwierigen Aufgabe der Integration der Anima des Mannes, wie sie sich im Liebesproblem und in der Auseinandersetzung mit dem Unbewußten stellt. Am schwierigsten ist das Annehmen der ‹andern Seite›, wenn sie als Schlange erscheint. Diese symbolisiert inhumane, kalte Triebhaftigkeit wie auch das absolute Wissen des kollektiven Unbewußten. Wenn einer alle seine ichhaften Vorbehalte zurückstellen kann und sich diesem objektiven Geist der Natur anvertraut, kann sich die Schlange wandeln. Das Akzeptieren der Natur mit dem ihr eigenen göttlichen Sinn führt zur Wandlung des Archetyps des Weiblichen, zur Erlösung der weiblichen Gottheit.

Der Beitrag des Psychiaters ALFRED RIBI ist der brennenden Frage des Fortlebens nach dem Tode gewidmet. Da darüber alle objektiven Kriterien fehlen, sind wir ganz auf die Aussagen der Träume angewiesen. In diesen erscheint der Tod nicht als Ende, sondern als Wandlung. Todesträume sind kaum von Individuationsträumen zu unterscheiden. Wie viele Träume andeuten, scheint sich im Menschen durch den bewußt erlebten Individuationsprozeß etwas Unzerstörbares, Ewiges zu entwickeln – die Alchemisten sprachen vom Auferstehungsleib –, das vermutlich den Tod überdauert. Die Verwirklichung der Ganzheit scheint das Ziel unseres Lebens und der Sinn des Sterbens zu sein.

Vom Schriftsteller FRANK GEERK schließlich – dem einzigen Mitarbeiter dieses Bandes, der nicht Jungscher Analytiker ist – stammt die Aufzeichnung des Gesprächs, das er im Februar 1988 mit MARIE-LOUISE VON FRANZ geführt hat. Sie beantwortet zunächst Fragen über ihre eigene Analyse bei C. G. Jung und über die Analyse im allgemeinen. Für JUNG waren Animus und Anima nicht Begriffe, sondern nur Namen für psychische Tatbestände. Mit Humor schildert sie einige Aspekte des Erlebens dieser beiden großen Unruhestifter. Ihre weiteren Ausführungen gelten der problematischen abendländischen Auffassung der Materie. Während «im vorchristlichen Heidentum eine Art Naturalismus vorherrschte», eine mehr oder weniger ausgewogene «Mischung von Geist und Materie», brachte das Christentum eine einseitige Betonung des Geistes. Die Alchemisten dagegen bemühten sich um die Erforschung des Göttlichen in der Materie; bei ihnen blieben Geist und Materie zusammen. Für eine moderne Auffassung scheint hinter beiden das gleiche lebendige Geheimnis zu liegen, eine Einheitswirklichkeit, für welche JUNG den Begriff ‹unus mundus› geprägt hat. Extravertiert nach außen gesehen, erscheint uns die Wirklichkeit als Materie, introvertiert nach innen gesehen als das kollektive Unbewußte. Eine solche Sichtweise könnte uns ermöglichen, daß «die Spaltung zwischen Geist und Materie, zwischen Geist und Körper aufgehoben würde zugunsten einer demütigeren Einordnung des Menschen in die Natur». – Das Gespräch ist gekürzt um die Ausführungen über Tschernobyl und die Katastrophe von Schweizerhalle Mitte Januar 1989 im ‹Basler Magazin› erschienen. Mit der Aufnahme in die JUNGIANA möchten wir den wertvollen Ausführungen mehr Dauer verleihen.

So entlassen wir also unseren 1. Band der JUNGIANA in die Welt, voller Zuversicht auf eine wohlwollende Aufnahme. Es ist für uns eine große Freude, daß dieses Ereignis zusammenfällt mit dem 60. Geburtstag von Dr. René Malamud, der an der Gründung und dem Gedeihen der Stiftung für Jung'sche Psychologie maßgeblich beteiligt war und ist. Wir danken ihm und danken allen, die uns geholfen haben.

Frühling 1989 — Der Stiftungsrat

1 CARL GUSTAV JUNG: Zur Psychologie des Kindarchetypus. Gesammelte Werke Bd. 9/I, Olten und Freiburg i. Br. 1976, § 267.

2 HANSUELI F. ETTER: Sankt Meinrad. Einsiedeln 1984.

Barbara Hannah

Die religiöse Funktion des Animus im Buche Tobit

Nachdem der Titel meiner Vorlesung schon bekanntgemacht worden war, wurde mir bewußt, daß er, was die Natur unseres Stoffes betrifft, irreführend sein könnte. Das Buch Tobit ist ein sehr altes Dokument (ca. 3. Jahrhundert v. Chr.) und beruht sicherlich auf noch älteren (ägyptischen oder persischen) Quellen. Dergleichen Bücher, welche durch viele Hände gegangen sind, müssen auf dieselbe Art und Weise angesehen werden, wie wir es mit Mythen und Märchen tun; das heisst, wir können sie von der männlichen und weiblichen Psychologie her untersuchen. Daher kann unsere Geschichte genausogut – und vielleicht sogar noch besser – von der männlichen Psychologie her betrachtet werden, in welchem Fall Sarah die vom Dämon besessene *Anima* statt ein vom Animus besessenes *Mädchen* wäre.

Der Grund, weshalb ich diese Geschichte in meinen Seminaren über weibliche Psychologie des öfteren benutzt habe, ist der, daß sie den Inbegriff einer Dämonenbesessenheit par excellence darstellt, welche im mittelalterlichen Material noch und noch angeführt wird, und zwar immer in Verbindung mit einem besessenen *Mädchen,* so daß sie gewiß auch von diesem Standpunkt aus einen Sinn ergibt, wie wir, so hoffe ich, noch sehen werden.

Da ich nun ein ursprüngliches Seminar von sieben Doppelstunden auf eine Stunde zu kürzen habe, kann ich Sie nur mit den Hauptzügen unserer Geschichte vertraut machen und muß eine Menge wichtiger und interessanter Einzelheiten übergehen. So zum Beispiel die Geschichte des Buches Tobit. Hier kann ich Sie nur auf die ausgezeichnete Einleitung der ‹Apokrypha and Pseudoepigrapha of the Old Testament› in der Ausgabe der Oxford University (1913, Vol. I) aufmerksam machen. Es genügt zu sagen, daß SIMPSON, der Herausgeber des Textes, eine Menge überzeugender Beweise dafür anführt, daß das Buch von einem Exiljuden in Ägypten geschrieben worden sei. Aber darüber gibt es einen Gelehrtenstreit, denn viele bevorzugen einen persischen, zoroastrischen Hintergrund.

Zu Beginn möchte ich klarmachen, daß Sarahs Besessenheit durch Asmodäus keinesfalls eine solche durch einen individuellen Animus ist. Wir können überhaupt diese Geschichte *nicht* vom Standpunkt der *persönlichen Psychologie* betrachten. Sie hat eher den Wert eines Paradigmas beziehungsweise eines Prototypes oder Musters, nämlich der Vorwegnahme einer sehr viel späteren Animusentwicklung in der weiblichen Psychologie und in der indviduellen Anima im Manne. Sie zeigt uns gleichsam den archetypischen Hintergrund, das Fundament, auf welchem jeder individuelle Fall dieser Art beruht. Es handelt sich um die Geschichte eines von einem männlichen Dämon besessenen Mädchens und ihre Heilung, welche weitaus älter ist als das Buch Tobit und sich in dieser Form weltweit in Märchen und Mythen wiederfindet. Es ist die Besessenheit durch einen fremden Dämon – Asmodäus.

Die ‹Encyclopaedia Britannica› sagt von Asmodäus, daß er ein «böser Dämon» war, «welcher in später jüdischer Überlieferung als ‹König der Dämonen›» erscheint. Somit wäre er eine Parallele zum christlichen Teufel und würde deshalb einen sehr übertriebenen Fall von Animusbesessenheit darstellen. Aber gerade in solchen außerordentlichen Fällen kann man den Mechanismus klarer am Werk sehen, was einen zum besseren Erkennen dieses Phänomens im normaleren, individuellen Falle befähigt.

Vielleicht sollte ich vorweg erwähnen, daß es in unserer Geschichte hauptsächlich um eine Bewußtseinserneuerung geht. Denn das Bewußtsein ist einerseits zu eng in der Tradition verhaftet, andererseits zu weit, insofern die unbewußte Persönlichkeit inflationiert, das heißt von einem Archetypus besessen ist.

Das Buch beginnt mit zwei parallelen Geschichten: derjenigen von Tobit und seinem Sohn Tobias und derjenigen Sarahs und ihres Vaters Raguel. Obwohl beide sehr nahe verwandt sind, sind sie zu Anfang des Buches völlig voneinander getrennt, mit keinerlei Verbindung zwischen ihren beiden Häusern. Dennoch ereignet sich zu Beginn, in den jeweiligen Erfahrungen des alten Tobit und der jungen Sarah, eine außerordentliche Synchronizität.

Tobit verkörpert die Tradition par excellence. Seine frühere Geschichte ist die eines Exilierten, mit verstohlenen Pilgerfahrten nach Jerusalem und der Entschlossenheit, jeden seiner eigenen Rasse – er war Jude – gestorben oder ermordet, zu begraben. Um dieser

Betätigung willen wurde er ständig verfolgt und mußte für sein Leben fürchten, wobei er seinen ganzen Besitz verlor. Doch kaum begnadigt und zurückgekehrt, begann er seine Tätigkeit von neuem.

Wir haben hier das Beispiel einer zu eng gewordenen, traditionsgebundenen Bewußtseinshaltung. Tobit war nur mit der Beerdigung von Toten beschäftigt, er hatte keine Ahnung von der ewigen Wahrheit des späteren Wortes Christi: «Folge mir und laß die Toten ihre Toten begraben» (Mat. 8,22).

Da aber alle Verfolgungen Tobit von seiner Beschäftigung mit dem Vergangenen und Vergänglichen nicht abhalten konnten, griff die Natur selbst mit einer List ins Spiel ein. Als er sich nämlich eines Tages, erschöpft von diesen gefahrvollen Beerdigungen, an der Hofmauer zum Schlafen niederlegte, fiel der Kot von dort nistenden Sperlingen in seine Augen, und in der Folge erblindete er völlig.

Interessant daran ist, daß die Sperlinge im alten Orient Vögel der Aphrodite und anderer Liebesgöttinnen sind. Aphrodite hat einen himmlischen Aspekt, symbolisiert durch ihren bekannten Vogel, die Taube, und einen gewöhnlichen, irdischen Aspekt, symbolisiert durch den Sperling. Es ist nun bemerkenswert, daß es ausgerechnet der Vogel der Liebesgöttin ist, welcher der sterilen, extravertierten Tätigkeit Tobits ein Ende setzt.

Er selbst allerdings war der neuen, von den Sperlingen herbeigeführten Situation gegenüber hilflos. An seiner bisherigen äußeren Aktivität gehindert, beginnt er einen ernsten Streit mit seiner Frau, indem er sie fälschlich des Diebstahls an einem Ziegenböcklein bezichtigt. Aufs äußerste gereizt antwortet sie ihm: «Wo sieht man jetzt den Lohn für deine Almosen und deine Guttaten? Nun wird all dein böses Wesen offenbar» (Tob. 2,14).

Dies war nun ganz und gar unerträglich für Tobit, und er betete darum, sterben zu dürfen, «weil es doch für mich besser ist, zu sterben als zu leben. Denn lügnerische Vorwürfe habe ich hören müssen, und ich bin in tiefer Betrübnis» (3,6). Das ist aber der Gipfel der Projektion: er hatte seine Frau Anna fälschlicherweise angeklagt, und nun beklagt er sich über gegen ihn erhobene «lügnerische Vorwürfe». Hier sehen wir deutlich, daß die durch Tobit verkörperte Bewußtseinshaltung dringend der Erneuerung bedarf.

Am gleichen Tag, fern von Ninive, in Medien, war Sarah, seine zukünftige Schwiegertochter, in ebenderselben Schwierigkeit. Bekanntlich war sie mit sieben Männern verheiratet gewesen. Sie alle wurden in der Hochzeitsnacht (vor deren Vollziehung) vom im Körper Sarahs gebundenen Dämon, Asmodäus, getötet.

Wie der gewöhnliche kleine Sperling dem Totengräberdasein Tobits ein Ende setzte, so waren es nun die Mägde ihres Vaters, welche Sarahs Laufbahn als Gattenmörderin beendeten. Offen warfen sie ihr vor: «Bist du denn nicht bei Verstand, daß *du* deine Männer erwürgst?» (3,8). Und sie fuhren fort: «Was schlägst du *uns*, wenn sie sterben mußten?» (3,9). Nun waren für Sarah wie für Tobit weitere «Vorwürfe» zwecklos; dennoch hatten sie ihre Wirkung erfüllt. Sie begab sich ins Obergemach ihres Vaterhauses und wollte sich erhängen. Schließlich entschied sie sich aber dagegen, denn dies würde ihrem Vater auf seine alten Tage hin «Schande» bereiten und ihn «mit Kummer in die Unterwelt» (3,10) bringen. Wie Tobit, und zur selben Zeit, betete sie daher inständig um ihren Tod, um keine weiteren «Schmähungen» (3,13) hören zu müssen.

Die Verbindung zwischen den beiden ist jedenfalls bemerkenswert, ob wir Sarah nun als Paradigma eines vom Animus besessenen Mädchens ansehen und Tobit als Personifikation traditionalistischen, starren, mit Meinungen argumentierenden Geistes; oder als den Prototyp eines Mannes, dessen Stupidität und Engstirnigkeit seine Anima dem Zustand dämonischer Besessenheit ausgeliefert hat. Es kann auf beide Arten funktionieren, nämlich:

1 Wenn der Logos eines Mannes gestört ist – ein extremes Beispiel wäre die Nazi- oder kommunistische Mentalität –, dann wird auch der Eros der Frau gestört oder gar zu Grunde gerichtet.

2 Ist aber der Eros der Frau nicht in Ordnung – ein extremes Beispiel ist Sarah, die sieben Männer umgebracht hat –, dann ist auch der Logos des Mannes gestört oder gar ruiniert.

3 Anima-Eros im Manne zerstört den Logos der Frau.

4 Animus-Logos in der Frau zerstört den Eros des Mannes.

Weder Mann noch Frau können zu Grunde gerichtet werden – oder sich selbst zu Grunde richten –, ohne je den anderen ebenfalls zu verderben. Dies trifft für die eigene Anima beziehungsweise den Animus zu; aber auch für jede tiefere Beziehung zwischen den Geschlechtern überhaupt. Der Zustand, in welchem sich seinerzeit Tobit und Sarah befanden, ähnelt in seiner Problematik demjenigen unserer Zeit, in welcher wir ebenfalls der Alternative von durchgreifender Bewußtseinserneuerung oder völliger Vernichtung gegenüberstehen.

Die Tatsache, daß weder Tobit noch Sarah Vorwürfe ertragen können, ist teilweise eine Zeiterscheinung und gehört möglicherweise zur ägyptischen Herkunft unseres Buches. Ich erinnere Sie an die «negative Beichte» im ägyptischen Totenbuch, in welchem die Verstorbenen alle möglichen Sünden erwähnen, die sie *nicht* begangen haben. Je primitiver ein Volk, desto größer die Angst zuzugeben, daß sie das Gesetz übertreten haben. Doch die jüngsten Ereignisse lassen keinen übertriebenen Optimismus aufkommen, daß wir in dieser Beziehung etwa weniger primitiv wären.

Offensichtlich hatten aber beide, der alte Tobit und die junge Sarah, die Grenze des für sie Erträglichen erreicht, denn als Nächstes lesen wir: «Und das Gebet beider fand Gehör vor der Herrlichkeit des Großen Gottes» (3,16). Gott entschloß sich, ihnen zu helfen, und der Erzengel «Raphael wurde gesandt, beide zu heilen»: Tobit von seiner Blindheit, auf daß er «das Licht Gottes sähe», und Sarah von ihrer Besessenheit vom «bösen Dämon Asmodäus» (3,17). Letzterer sollte von ihr losgebunden werden, damit sie tauglich würde für eine Heirat mit Tobias, Tobits Sohn.

Gott – ihre Gebete erhörend – legte die Sache in erhabene Hände; aber auch Asmodäus ist ein erhabener Dämon, wenn man so etwas sagen kann. Es fehlt hier die Zeit, Ihnen dies zu beweisen, aber Sie finden das entsprechende Material in SIMPSONS Einleitung zum ‹Buch Tobit›. So sendet Gott, nachdem er sich über die Situation klargeworden ist, eine höchst positive Gestalt auf die Erde, welche der die Besessenheit erzeugenden Gegenseite zumindest ebenbürtig ist.

Bemerkenswert scheint mir, daß es die dunkle Seite, nämlich Asmodäus, ist, der zu Beginn Sarah vollständig in Besitz genommen hat. Das deckt sich mit unserer eigenen Erfahrung des Animus, der sich gewöhnlich bei einer ersten Begegnung in seinem negativen Aspekt, als ein starrsinniger und zerstörerischer Dämon äußert. Und erst wenn eine Frau dies erkannt hat – so wie die Dienerin Sarah zwang, es zu erkennen – und das Leiden, welches es ihr und ihrer Umgebung gebracht hat, annimmt, dann erst kann das, was man die religiöse Funktion des Animus nennen könnte, erscheinen. In höchster Not betet Sarah zu Gott, psychologisch gesprochen wendet sie sich an das Selbst, die psychische Ganzheit, damit das Unvermögen des Ichs, in dieser Situation eine Lösung zu finden, anerkennend. Gott erhörte sie, und in der Folge kam der göttliche Teil der Psyche in seinem positivsten Aspekt ins Spiel. In diesem Fall ist es bemerkenswert, daß sich die positive Seite erst in dem Augenblick konstellierte, als *beide,* Tobit und Sarah, die Grenze des für sie Erträglichen erreicht hatten.

Sarah soll nun von ihrer Besessenheit befreit werden und Tobit seinerseits das «Licht Gottes» schauen. Nur ein gänzlich neues Bewußtsein – hier als das Licht Gottes beschrieben – kann Tobits blinden Unverstand heilen. Einerseits muß der Eros befreit werden und andererseits der Logos, so daß eine gänzlich neue coniunctio, symbolisiert durch die Heirat von Tobias und Sarah, möglich werde.

Gerade wie Tobit und Sarah zur gleichen Zeit beteten und zugleich auch erhört wurden, hören wir nun, daß beide nach ihrem Gebet auch ihren Aufenthalt wechselten. Vom Hof herkommend, begibt Tobit sich in sein Haus *hinein* (3,17), das heißt in seiner äußeren regressiven Aktivität von den Sperlingen durchkreuzt, wendet er sich nun nach innen. Und Sarah kam aus dem Obergemach ihres Vaterhauses *herab,* mit anderen Worten: sie verläßt ihren Vaterkomplex – einen Komplex, welcher die Eigenschaft hat, eine Frau «in der Höhe» schwebend zu behalten, ähnlich der Prinzessin im Elfenbeinturm – und kommt herab ins Erdgeschoß, das heißt in die Realität.

Diese Veränderung war für beide eine absolute Notwendigkeit, denn die göttliche Seite, Raphael, war jetzt konstelliert und unterwegs. Einem derartigen Phänomen kann nur derjenige standhalten, der am richtigen Ort steht, nämlich dort, wo er in Wahrheit hingehört.

Die Wendung nach innen hatte eine unmittelbare Wirkung auf Tobit. Er erkannte, daß er die Folgen aus seiner Bitte um den Tod zu ziehen habe, sich auf den Tod vorbereiten und alle Tätigkeiten in die Hände seines Sohnes Tobias legen müsse. Er hatte sein ganzes Gut verloren, doch in der Not erinnerte er sich an eine Geldsumme, die er Gabael zu Rages in Medien zu treuen Händen gegeben hatte, und er entschloß sich, Tobias dorthin zu schicken, um sie zu holen.

Da das Buch so bekannt ist, will ich mich kurz fassen und erinnere Sie nur daran, daß, nach vielen Ermahnungen, Tobit Tobias auffordert, zu Gabael zu reisen und sich einen zuverlässigen Mann als Reisebegleiter zu suchen. Der Erzengel Raphael, ohne seine göttliche Herkunft zu offenbaren, anerbietet sich, Tobias zu führen. Von Tobit gedrängt, erfindet er sogar eine Verwandtschaftsbeziehung zu ihm, indem er sich als «Sohn des großen Hananja, von deinen Brüdern» (5,13) ausgibt. Soweit war nun alles in Ordnung, und trotz der Wehklagen Annas, Tobias' Mutter, machten sich die beiden jungen Männer auf den Weg.

Hier erfahren wir von einem reizenden Detail, daß nämlich des Jünglings Hund ihnen beim Aufbruch folgte (5,17). Soweit ich aus der Bibelkonkordanz in Erfahrung bringen konnte, ist Tobias' Hund praktisch ein Unikum, sowohl im Alten Testament als auch in den Apokryphen. Insofern Hunde überhaupt erwähnt werden, geschieht es in einer negativen Art und Weise. Aber hier läuft der Hund auf dem Hin- und Rückweg als treuer Begleiter mit. Psychologisch heißt das, daß Tobias, im Gegensatz zu seinem gesetzestreuen Vater, in Verbindung mit seinem Instinkt steht und ihn auf die Reise mitnimmt, was vermutlich dem Erfolg seiner Mission zugute kam. Schließlich wurde das Buch Tobit in seiner jetzigen Form nur zwei oder drei Jahrhunderte vor dem Logion Jesu im Oxyrhynchos Papyrus geschrieben, wo er sagt, daß es die Vögel und Fische sind, die uns ins Himmelreich führen werden.[1] Das neue Bewußtsein (das «Licht Gottes», siehe oben Seite 15) wird offenbar eine instinktivere Annäherung an das Göttliche mit einschließen. Überdies hat nur *der* Mann Aussicht, einem derart animusbesessenen Mädchen wie Sarah gewachsen zu sein, welcher mit seinen Instinkten im Einklang ist.

Am ersten Abend gelangten Tobias und Raphael zum Flusse Tigris, wo sie übernachteten. Dort stieg der Jüngling zum Flusse hinab, um seine Füße zu baden und hatte dabei seine berühmte Begegnung mit dem Fisch. Es ist dies eine Variante des bekannten Motivs der Nachtmeerfahrt, denn der Fisch schnellte aus dem Wasser und drohte seinen Fuß zu verschlingen, und erst als der Erzengel ihn ermahnte: «Ergreife den Fisch und laß ihn nicht los!», gelang es Tobias, ihn zu überwinden (6,4).

Obwohl Raphael von Gott gesandt wurde, um Tobit und Sarah zu helfen, ist es doch bezeichnend, daß nicht der Engel, sondern der Jüngling die aktive Rolle spielt. Das ist bei Fahrten eines menschlichen

Wesens mit einem göttlichen Begleiter nicht die Regel. So ist z.B. Chidher, wie der Koran berichtet, auf seiner Reise mit Moses der Handelnde. Und auch in den Mythen und Märchen ist es gewöhnlich der Begleiter mit den göttlichen oder magischen Eigenschaften, welcher die heroischen Taten vollbringt. In unserer Geschichte ist die Annäherung zwischen dem göttlichen und dem menschlichen Wesen größer, oder wir könnten auch sagen: der Mensch übernimmt mehr Verantwortung.

Wenn wir die Erzählung von der männlichen Seite her betrachten, so würde Tobias, als «Held», eine archetypische Figur darstellen, «die ein Modell eines Ichs zeigt, das in Übereinstimmung mit dem Selbst funktioniert».[2] Wenn wir die Geschichte aber, wie eben jetzt, von der weiblichen Seite her behandeln, so stellt Tobias nicht das oben erwähnte, archetypische Modell eines Ichs dar, sondern dasjenige eines gewandelten und integrierten Geistes der Frau.

Die Tatsache, daß Tobias hier der Handelnde ist, entspricht der alchemistischen Idee vom Menschen, der die Arbeit am ‹Werk› zu tun habe, das aber nur ‹Deo concedente› gelingen wird. Die göttliche Zustimmung ist in unserer Erzählung durch die Anwesenheit Raphaels und seiner Ratschläge an Tobias symbolisiert.

Zeitnot verbietet mir, auf den reichen Symbolismus des Fisches einzutreten. Hierzu verweise ich Sie auf JUNGS Ausführungen in ‹Aion›.[3] Ich möchte nur kurz auf die Rolle des Fischsymbols bei den Muttergöttinnen Kleinasiens hinweisen. Die syrische Göttin Atargatis, oft auch Derketo genannt, wird sogar als Fischgöttin geschildert. Atargatis ist der griechischen Aphrodite verwandt. In der Tat ist die Herkunft dieser berühmten Göttin eng mit der babylonischen Liebesgöttin (Ištar) verbunden und folglich mit dem Fisch.[4] Den Sperlingen als Vögeln der Aphrodite sind wir schon begegnet; indem ihr Kot in Tobits Augen fiel, blendeten sie ihn und unterbrachen damit sein Verhaftetsein im traditionellen Geist. Und nun sehen wir, daß dieselbe Liebesgöttin auch mit dem Fisch in Beziehung steht. Dieser stellt aber die erlösende und heilende Substanz in unserer Erzählung dar. Darum steht zu vermuten, daß der verdrängte Eros, das weibliche Prinzip, welches weder beim sturen männlichen Dogmatismus Tobits noch bei der Animusbesessenheit Sarahs je eine Gelegenheit gehabt hätte in Erscheinung zu treten, sich sozusagen hinter der Szene bemerkbar macht, um zu seinem Recht zu kommen und die zwei Hauptgegensätze, das Männliche und das Weibliche, wieder in ein Gleichgewicht zu bringen.

Erneut paßt hier die Erzählung in unsere heutige Zeit. Zweitausend Jahre einer vornehmlich patriarchalen Religion hat unser seelisches Gleichgewicht in dieser Beziehung stark gestört. Obwohl das äußere Erscheinungsbild recht verschieden ist, gelingt es doch manchmal, auf dem Hintergrund katastrophaler Ereignisse unserer Zeit, das mühsam ringende Erosprinzip zu erkennen, welches, koste es was es wolle, seine rechtmäßige Stellung zu erkämpfen versucht.

In unserer Erzählung sind die Gegensätze völlig gespalten, was sich aber mehr in der Polarität des dunklen und hellen Prinzips äußert als in derjenigen von männlich-weiblich; und dies ist auch heutzutage der Fall. Raphael stellt den lichten Aspekt des mal'ak Jahwe dar,[5] er ist ein Geschöpf des Geistes, ein Engel der Gnade, durchaus positiv; indessen Asmodäus als völlig negativ, dunkel, böse und zerstörerisch angesehen wird, im Körper gebunden, ein chthonisches Geschöpf der Materie. Hätte Raphael den direkten Kampf mit Asmodäus aufgenommen, so wären sich zwei gleichstarke Gegensätze gegenübergestanden, und der Ausgang wäre recht unsicher gewesen. Indem er aber etwas Stoffliches, den Fisch, gleichsam aus der Sphäre des Asmodäus nahm, verbesserten sich seine Aussichten zu siegen entschieden, denn: similia similibus curantur!

Zur Heilung ist aber nicht der ganze Fisch erforderlich, sondern einzig das Wesentliche an ihm: sein Herz und seine Leber. Beides wählte Raphael, um Asmodäus auszutreiben, und zusätzlich seine Galle, um Tobits Blindheit zu kurieren. Die Leber könnte man beinahe als die Quintessenz des Lebensprinzipes bezeichnen und das Herz als die Triebfeder des Körpers. Beide sind eng mit den Emotionen verknüpft und hätten daher die nötige Intensität und Wärme, um Sarahs unmenschlichen Incubus auszutreiben. Noch müssen wir uns aber überlegen, warum Raphael zu Tobias sagt, daß es nicht die Organe selbst, sondern der durch ihre Verbrennung erzeugte Rauch sei, welcher den Erzdämon in die Flucht schlagen würde.

Die Idee, Stoffliches in Rauch und Dampf aufgehen zu lassen, hat immer mit Vergeistigung zu tun, doch hier hat dies noch eine spezifische Nuance. In seinem Aufsatz ‹Theoretische Überlegungen zum Wesen des Psychischen›[6] verwendet JUNG das Gleichnis der beiden Enden des Spektrums, ultraviolett und infrarot, wobei letzteres die Triebdynamik oder den Instinkt und ersteres den (mehr) geistigen Aspekt des Archetypischen – beziehungsweise das Triebbild – ausdrückt. Er betont, daß das Absinken in die Triebsphäre (infrarot) einzig in Unbewußtheit und Panik und nicht zu einer *bewußten Realisation und Assimilation des Triebes führt.* Letzteres kann nur am mehr geistigen (ultravioletten) Ende erfolgen, wo der Archetypus, als dynamisches Bild des Triebes, eine Möglichkeit bietet, das Bewußtsein vor dem bodenlosen Abgrund der Leidenschaften und Triebe zu bewahren.

Dies mag uns eine annähernde Vorstellung davon geben, warum das Herz und die Leber des Fisches verbrannt und derart spiritualisiert werden müssen, denn es ist sozusagen nur an diesem Ende der Skala, daß das Bewußtsein erneuert und gestärkt werden kann. Sarah ist von der alten, starrsinnigen Form des Animus gefesselt, welcher vom kollektiven Erzteufel Asmodäus infiziert, ja von ihm sogar personifiziert wird; und es wird einer gewaltigen bewußten Realisation bedürfen, damit er das Feld räumen wird, um dem erneuerten und gewandelten, durch Tobias symbolisierten Animus Platz zu machen.

Nach dem Abenteuer mit dem Fisch setzten sie ihre Reise fort, und als sie sich ihrem ersten Ziel, dem Hause von Sarahs Vater, Raguel, näherten, klärte Raphael ihn über diese ihm unbekannte Verwandtschaft auf (6,10 ff.). Er sagte ihm, er müsse Sarah heiraten, und beschreibt sie ihm als ein «aufrichtiges, beherztes und anmutiges» (6,13) Mädchen und auch, daß Raguel sie ihm nicht verweigern könne, da Tobias ihr nächster Verwandter sei.

Zuerst ist man überrascht, ein dämonbesessenes Mädchen in solch positiven Farben geschildert zu bekommen. Aber man könnte fast sagen, daß solche unbestreitbaren Qualitäten eine conditio sine qua non sind, um die Begegnung mit dem Dunklen in einem selbst zu ermöglichen. JUNG betonte neulich, daß wir die christlichen Tugenden nie nötiger hätten als gerade jetzt, wo wir uns mit der Dunkelheit unserer Seele und einem noch nie dagewesenen Überhandnehmen des negativen Prinzips konfrontiert sehen.

Oft passiert es in der Analyse, daß, wenn die Leute erstmals einen Einblick in ihre dunkle Seite bekommen, sie die Tendenz haben, sich mit ihren unerwünschten Eigenschaften zu identifizieren und damit ihre Tugenden aus den Augen zu verlieren. Aber das ist unklug, denn je heller ihre Tugenden, desto dunkler ist ihr Schatten, und *nie* kann die eine Seite für die andere aufgehoben werden. Im Augenblick also, da sie sich anschicken, dem bösen Dämon in Sarah zu begegnen, betont Raphael ihre lichte Seite, damit Tobias erfahre, daß sie eine ‹ganze› Frau ist, mit einer ungewöhnlich lichten Seite, als Gegengewicht zu Asmodäus' unheimlicher Dunkelheit.

Indessen, obwohl Tobias offenbar kaum etwas über seinen Verwandten wußte, hatte er doch von Sarahs Dämon und dem Schicksal ihrer sieben Gatten gehört und sagte daher: «Ich für meinen Teil habe Angst» (6,15). Dies ist eine instinktive Reaktion, einfach und geradeheraus, wie sie der ihn begleitende Hund hat, und man vermutet, daß seinen sieben Vorgängern eben dieser Instinkt gefehlt habe. Man könnte den ersten und vielleicht sogar den zweiten entschuldigen, doch danach war es wahnwitzig, sich der lauernden Gefahr nicht bewußt zu sein. Nur ein Mann mit Instinkt kann mit einer animusbesessenen Frau umgehen, und Tobias' Furcht in dieser Situation ist ähnlich der Gottesfurcht, der «Anfang aller Weisheit» (Ps. 111,10). Den Bedenken Tobias' begegnet Raphael, indem er ihn an den ausdrücklichen Befehl seines Vaters, eine Frau aus seiner Verwandtschaft zu heiraten, erinnert und – seine Anweisungen betreffend das Verbrennen des Fischherzens und dessen Leber zur Austreibung des Asmodäus wiederholend – ihm versichert, daß der Dämon ihm nichts antun würde. Schließlich fügt er hinzu: «Fürchte dich nicht! Denn dir ist sie von Ewigkeit her bestimmt. Du sollst sie erretten. Sie wird mit dir ziehen» (6,18).

Hier überrascht ein so klarer Hinweis auf die spätere Praedestinationsdoktrin. Aus psychologischer Sicht und unter Vermeiden eines extremen Standpunktes hat diese Doktrin durchaus ihre Berechtigung im Individuationsprozeß: Von *unserem eigenen, wesentlichen seelischen ‹pattern›* (Muster) abzuweichen, ist ebenso unmöglich wie für den Apfel, eine Birne zu werden, oder für einen Tiger, sich in ein unschuldiges Lamm zu verwandeln. Von diesem Standpunkt aus gesehen wäre die befreite Sarah die Anima in Tobias' psychischem ‹pattern› und er selbst der verwandelte Animus in Sarahs'. Dies würde auch ein Licht auf die merkwürdigen Worte am Ende des sechsten Kapitels werfen: «Und als Tobias Raphael reden hörte, er wüßte, daß Sarah seine Schwester sei, eine Verwandte der Familie seines Vaters, da liebte er sie so sehr, daß er sein Herz nicht mehr von ihr abwenden konnte» (6,18).

Noch hat ja Tobias Sarah gar nicht gesehen, und daher ist es schwierig zu erklären, wieso er sie bereits liebt; es sei denn, wir nehmen an, sie gehöre als ein Teil seiner selbst grundsätzlich zu ihm, als seine Anima nämlich; oder daß er ihren Animus, ihren unbewußten Geist verkörpere, welcher eben Sarah benötigt und niemanden sonst, um sich in dieser Welt zu verwirklichen. Man ist an GOETHES berühmte Worte erinnert: «Ach, du warst in abgelebten Zeiten meine Schwester oder meine Frau»,[7] welche JUNG des öfteren zitiert als ein Beispiel für das, was ein Mann empfindet, wenn er erstmals seiner auf eine reale Frau projizierten Anima begegnet.

Schließlich erreichten Raphael und Tobias das Haus des Raguel, wo er alsogleich durch seine Ähnlichkeit mit Tobit erkannt wurde. Man bereitete ihnen einen herzlichen Empfang und schlachtete ihnen zu Ehren einen Widder von der Herde und setzte sich zu Tisch. Aber Tobias weigerte sich zu essen, bevor nicht seine Heirat mit Sarah geregelt sei. Raguel willigte ein, nicht ohne die früheren Vorgänge offen einzugestehen. Ganz offensichtlich war er der Meinung, daß auch Tobias das Schicksal seiner sieben Vorgänger erleiden werde, und klammheimlich begann er noch in der Nacht dessen Grab zu schaufeln (8,11).

Raguel, gleich dem alten Tobit, entpuppt sich hier als ein Totengräber, gebunden an die pessimistische Gewißheit, daß alles in derselben alten, negativen Art und Weise weitergehen werde. Diese Tendenz sehen wir des öfteren auch beim Animus der Frau, besonders wenn dieser mit einem starken Vaterkomplex verbunden ist. Unausgesprochen, jedoch ganz offensichtlich glaubte Raguel an die Macht des Dämons Asmodäus; tatsächlich fragt man sich, ob nicht eine geheime Bindung zwischen ihnen herrschte, denn Sarah war sein einziges Kind, und Väter sind ja bekannt dafür, wie ungern sie sich von ihren Töchtern trennen. Asmodäus selbst erinnert einen lebhaft an den Animus in seiner Rolle als eifersüchtiger Liebhaber oder Ehemann, denn er tat Sarah nie direkt ein Leid an, sondern tötete ‹nur› seine Rivalen.

Tobias aber wurde durch Raguels Pessimismus nicht angesteckt und verweigerte weiterhin das Essen, bis Sarah ihm «nach den Bestimmungen im Gesetz Mose» (7,12) gegeben werde. Damit erweist er sich als ein kluger Jüngling, denn obwohl er ein Erneuerer des Bewußtseins war, warf er die alte traditionelle Realität nicht einfach über Bord, sondern hielt an ihr fest, um seine neue Stellung zu legitimieren.

Von Sarahs Standpunkt aus müssen wir nun die verschiedenen Aspekte ihres Animus in Betracht ziehen. Bis anhin war ihr Vater ihre einzige menschliche Liebe gewesen. Sie bezeugte diese ihre tiefe Liebe zu ihm, als sie in ihrer Verzweiflung ihm zuliebe dem Drang zum Selbstmord widerstand. Hinter ihrem Vater jedoch verbarg sich die archetypische Figur des Erzdämons. Aber als sie sich in höchster Not im Gebet an Gott wandte, sandte Er ihr Raphael, welcher zwar erst jetzt in ihr Bewußtsein trat – aber zweifelsohne seine Wirkung schon vorher entfaltete, indem er Asmodäus in Schach hielt, denn nach ihrem Gebet hören wir von keinem Mord mehr. Diese drei werden nun vom schicksalshaften Vierten, Tobias, ergänzt. Er stellt eine gewandelte, bisher völlig unbewußte geistige Einstellung in Sarah dar, welche sich jedoch in dem Moment zu entwickeln und aktiv zu werden begann, als sie sich entschloß, *weiterzuleben und das durch Asmodäus hervorgerufene Leiden zu ertragen.* Sie war nun gezwungen, alles zu wagen, denn wenn es dem Dämon gelingen sollte, Tobias zu töten, so wäre sie zweifellos verloren gewesen.

Nachdem das Dokument unterschrieben worden war, setzten sie sich zu Tisch und verspeisten den aufgetragenen Widder. Die Symbolik dieses Tieres ist bezeichnend, denn – als Frühlingszeichen – stellt er Virilität und männliche Kraft dar, welche zuerst von Tobias geopfert und anschließend integriert (gegessen) werden mußte, bevor er für die entscheidende Prüfung gewappnet war: die Begegnung mit Asmodäus.

Nachdem sie gespeist hatten, geleiteten sie das Brautpaar zu ihrer Kammer. Dort führte Tobias Raphaels Anweisungen genau aus. Asmodäus, den der Rauch des Fisches belästigte, «floh ... bis in das obere Ägypten, und der Engel band ihn daselbst» (8,3). Die Tatsache, daß er an den Quellen des Nils gefesselt wurde, deutet an, daß er einmal mehr in die Tiefen des Unbewußten verdrängt und gebannt wurde, ein Vorgang, welcher zu jener Zeit eine absolute Notwendigkeit darstellte. Selbst ein paar Jahrhunderte später, in der Offenbarung des Johannes, wurde Satan auf tausend Jahre hin in Ketten gelegt (Apk. 20,2). In gewissen Fällen ist diese Fesselung des Animus immer noch nötig, insbesondere, wenn eine Kontamination mit einem überpersönlichen, kollektiven Dämon oder wenn die Gefahr einer Psychose vorliegt, doch kann ich im Rahmen dieses Vortrages auf diesen Aspekt aus zeitlichen Gründen nicht eingehen.

Bemerkenswert ist, daß Raphael, welcher vom psychologischen Standpunkt aus als der entsprechende Gegensatz zu Asmodäus angesehen werden kann, nun in der Lage war, letzteren zu überwältigen und zu fesseln. Vermutlich konnte dies auf Grund der Standhaftigkeit der Beteiligten vollbracht werden. Denn nicht nur verwendeten sie das Symbol der Liebesgöttin in der aufgetragenen Art und Weise, sondern sie *nahmen sie auch vorbehaltlos an, indem sie ihr Herz der Liebe öffneten.* Diese schöpferische Einstellung stärkte die positive Seite entschieden und befähigte sie, das Zerstörerische zu bannen, jedenfalls für eine gewisse Zeit.

Nachdem der verblüffte Dämon geflohen war, verschlossen Tobias und Sarah die Türe zu ihrer Kammer und – erneut den Anweisungen Raphaels folgend – beteten sie gemeinsam, bevor sie sich umarmten. Dieses Gebet war insofern eine absolute Notwendigkeit, als der Sieg durch das unmittelbare Eingreifen Gottes herbeigeführt worden war. Hätten sie ihn aber sich selbst zugeschrieben, so hätte die daraus folgende Inflation den alten Asmodäus – den berüchtigten Meinungsteufel – in früherer Stärke zurückgebracht, denn hier vor allem war ihre Standhaftigkeit entscheidend, um Raphael den Rücken zu stärken.

Tobias sagt: «Jetzt aber, Herr, nicht aus unreiner Begierde, nehme ich meine Schwester, sondern in lauterer Gesinnung» (8,7). Am ultravioletten Ende der Skala – «in lauterer Gesinnung», wie Tobias es nennt – muß sich die Geburt des neuen Bewußtseins verwirklichen. Nur eine mächtige Anstrengung, um dieses Ziel zu erreichen – hier durch das gemeinsame Gebet zu Gott symbolisiert – genügt, die Wahrheit zu finden, welche einzig zu verhüten vermag, daß das neue Bewußtsein wiederum vom dunklen, emotionalen, instinktiven Aspekt des Unbewußten überwältigt wird.

Jedenfalls im Bewußtsein waren Raguel und seine Frau Edna überglücklich, am folgenden Morgen Tobias noch unter den Lebenden zu finden. Raguel veranstaltete nun ein verlängertes und reiches Hochzeitsfest in der Absicht, die jungen Leute solange als möglich bei sich zu behalten. Doch Tobias war ungeduldig, nach Hause zu kommen, um dort seine Braut vorzustellen und den alten Tobit von seiner Blindheit zu heilen. Raphael half ihm, die Schuld von Gabael einzuziehen, und, den dringenden Bitten Raguels widerstehend, machten sich Raphael, Tobias, Sarah und der Hund auf den Rückweg, ausgestattet mit der Hälfte von Raguels Vermögen als Sarahs Mitgift sowie dem Geld von Gabael. Auf des Engels Vorschlag eilten er und Tobias voraus, und der Fisch gelangte zur erneuten Verwendung: Tobits Sehkraft wurde wieder hergestellt (11,11ff).

Offenbar mußte sich Tobias zuerst um das Anzünden des neuen Bewußtseinslichtes kümmern, symbolisiert durch die Heilung Sarahs und der darauffolgenden coniunctio (= ihre Verheiratung). Erst nachdem dieses Licht hell und stark zum Leuchten gekommen war, konnte es sogar durch die Augen des alten, traditionsgebundenen Tobit wahrgenommen werden. Dies war nämlich Gottes Absicht, denn Er hatte Raphael nicht nur zur Heilung Sarahs zur Erde gesandt, sondern auch damit Tobit das ‹Licht Gottes›, das neue Bewußtsein, sehen möge. Daß Tobit selbst dieses Licht mit seinem Sohn und dessen Taten verband, wird durch seinen ersten Ausruf klar, nachdem die Schuppen von seinen Augen gefallen waren: «Ich sehe dich, mein Sohn, Licht meiner Augen!» (11,14).

Tobit, nun wieder ein reicher Mann, veranstaltete seinerseits ein Hochzeitsfest zu Ehren des Brautpaares, und nachdem sie alles in Betracht gezogen hatten, was Raphael für sie getan hatte, entschlossen sie sich, ihn mit der Hälfte von allem Mitgebrachten zu belohnen. Dann, und erst dann offenbarte ihnen Raphael, daß er kein gewöhnlicher Verwandter, sondern ein Erzengel sei, von Gott gesandt, ihnen beizustehen. Anscheinend war er überrascht, daß es ihnen nie aufgefallen war, daß er weder gegessen noch getrunken hatte, und er wiederholte des öfteren, daß sie nur eine Erscheinung geschaut hätten.[8]

Selbst jetzt hören wir, daß die beiden erschraken und «auf ihr Angesicht» niederfielen, «weil sie sich fürchteten» (12,16). So erkennen wir, warum die Tatsache der göttlichen Herkunft Raphaels ihnen bis anhin noch nicht zu Bewußtsein gekommen war. Zuerst mußte alles in Ordnung kommen: durch die Heirat das neue Bewußtsein gestärkt und Tobits Blindheit geheilt werden, bevor sie fähig waren, dem Schock dieser Offenbarung standzuhalten. Hätte sich Tobias auch im Laufe der Reise von seiner Angst erholt, so wäre doch das Wissen, mit einem Erzengel zu reisen, eine unwiderstehliche Versuchung gewesen, sich blindlings auf seinen himmlischen Gefährten zu verlassen und sich wie ein Kind zu benehmen! Die Chance, erwachsen zu werden, selbst auch die Initiative zu ergreifen, oder unter Umständen den bewußten Standpunkt gegenüber dem Unbewußten zu verteidigen, wie es etwa bei seiner naiven Bemerkung: «Ich für meinen Teil habe Angst» (6,15) hervorgeht, wäre für ihn weitaus geringer gewesen. Ferner gehört es auch zu den allerschwierigsten Lebenssituationen, wie sie in dieser Reise geschildert sind, daß der göttliche Plan erst später erkannt wird und wir ihn gleichwohl zu Zeiten mehr oder weniger blind durchzuleiden haben.

Obwohl bis zu diesem Zeitpunkt schon Erstaunliches passiert war, so schien es durchaus innerhalb des normalen Rahmens zu geschehen: Tobit war verarmt, doch war dies durch die Rückzahlung einer Schuld aufgehoben worden, und eine reiche Schwiegertochter kam ins Haus: beides natürliche Vorgänge. Daß Sarah von ihrem Dämon befreit wurde, könnte man als direkte Folge der Verbrennung von Herz und Leber des Fisches ansehen: eine medizinische Therapie; ebenso was die Galle des Fisches betrifft, welche die Schuppen aus Tobits Augen beseitigte. Aber diese glücklichen Ereignisse hatten sich inzwischen derart gehäuft, daß sie nun für die wahre Offenbarung reif waren: die numinose Tatsache nämlich, daß all dies göttliches Werk gewesen war und daß sie den Gottesboten gesehen hatten, der ihnen nun das verborgene, numinose Muster, in welchem sie alle ihren Anteil hatten, enthüllte.

Psychologisch betrachtet würde dies bedeuten, daß sie alle erst am Ende der Geschichte für die allerschwierigste Erkenntnis im Laufe des Individuationsprozesses bereit sind: die Erkenntnis nämlich der gänzlich unbekannten, göttlichen Seite des Menschen. JUNG sagte sogar, daß ein Anerkennen des Schattens und all der zum Ich gehörigen Dinge, die wir verdrängt haben, ein bloßes Kinderspiel im Vergleich zur Schwierigkeit sei, diese unbekannte Sphäre zu ergründen. Dieser verborgene Teil des Menschen wird in unserer Erzählung wunderschön durch den vertrauten, täglichen Umgang Tobias' mit dem unerkannten Erzengel symbolisiert.

Nun müssen wir überlegen, ob unsere Geschichte irgend etwas aufgezeigt hat, das für uns von *praktischem* Nutzen für das Verstehen des Animus als religiöser Funktion bei der heutigen Frau sein könnte. Doch was verstehen wir eigentlich unter dem Begriff ‹religiöse Funktion›? Tatsächlich benütze ich ihn im Gegensatz zum alten, sich praktisch in jeder Frau äußernden, ursprünglichen Animus, welcher nichts als Meinungen von sich gibt. So wie Männer den Launen ihrer Anima unterworfen sind, leiden Frauen unter einem ganzen Netzwerk von Animusmeinungen, die hauptsächlich aus Vaters – oder anderer Autoritäten der Jugendzeit – Belehrungen bestehen oder aus dem, was sie sonst unbewußterweise von deren Weltanschauung aufgeschnappt haben. Solche tief eingewurzelten Meinungen haben einen absoluten und extrem emotionalen Charakter und werden kaum je in Zweifel gezogen. Sie werden von der Frau schlicht geglaubt, und sie behauptet sie als unbestreitbare Tatsachen.

Die religiöse Funktion des Animus beginnt in jenem Moment, da die Frau den Mut aufbringt, an der absoluten Wahrheit ihrer Meinungen zu zweifeln. Das ist weitaus schwieriger als es tönt, denn Animusgewißheit ist eine enorme Stütze, an welche sich viele Frauen lehnen, derart wie die traditionelle Gattin sich an den Ehemann lehnt. Außerdem verleiht der Animus das täuschende, aber nichtsdestoweniger verführerische Gefühl, ‹immer recht› zu haben. Gewißheit ist immer einseitig, und sobald wir dem Gegensatz Lebensrecht einräumen, sind wir den Zweifeln ausgeliefert. Gleichzeitig jedoch, und an Stelle der besagten Animusgewißheit, bekommen wir das undeutliche Gefühl, daß in diesen Zweifeln, Leiden und Ungewißheiten irgendwie ein Zweck, vielleicht sogar eine göttliche Absicht enthalten ist und daß doch nicht alles vergeblich ist.

In einem Seminar erwähnte JUNG einmal, daß ein Mann durch Töten des Drachens auf aktiv-männliche Art ans Ziel kommt, während eine Frau die Probleme durch das mit ihnen verbundene *Annehmen des Leidens,* in einer mehr passiven Haltung, meistert. Kann sie den Wandel von alten, sturen Überzeugungen zu quälenden Zweifeln hin durchleiden, beginnt der Animus selbst sich zu verändern. Er füttert sie nun nicht mehr mit unwichtigen und verfehlten Meinungen, sondern beginnt selbst, in Zweifel und Dunkelheit, nach Andeutungen und Fingerzeigen zu suchen, welche das göttliche Muster des Individuationsprozesses enthüllen. Statt sich des Ichs zu bemächtigen und es zu tyrannisieren, beginnt er dem Selbst zu dienen und wird damit zu einer religiösen Funktion, welche dem Ich in seiner lebenslangen Aufgabe der Entdeckung des Selbst, des göttlichen Funkens im Menschen, beisteht.

Wenden wir uns wieder unserer Erzählung zu, um zu schauen, ob sich in ihr diese kurzen theoretischen Überlegungen über die religiöse Funktion des Animus bestätigen.

Wenn auch etwas extrem und dramatisch geschildert, so ist doch der zu Beginn der Erzählung beschriebene Zustand ziemlich genau derjenige, in welchem sich fast jede Frau befindet, bevor sie sich mit der Aufgabe konfrontiert sieht, an ihrem Animusproblem zu arbeiten. Die beiden Vaterfiguren – Tobit und Raguel – sind in Vergangenheit und Tradition verhaftet. Tobit ist einzig mit den Toten beschäftigt, und Raguel ist der festen Überzeugung, daß nichts sich je ändern, sondern in der alten negativen und zerstörerischen Art und Weise fortdauern wird. Derartige Voraussetzungen für ihre Animus Meinungen machen

Sarah zu einer leichten Besessenheits-Beute. Asmodäus, als ein Erzdämon, ist zugegebenermaßen eine mächtigere und destruktivere Figur, als sie üblicherweise eine gewöhnliche Frau in Besitz nimmt. Doch ist der Unterschied nur ein gradueller; auch eine dämonische Besessenheit bescheidener Art ist praktisch immer die Folge eines solchen väterlichen Hintergrundes.

Der Wendepunkt ist erreicht – nach den Vorwürfen der Dienstmagd, welche Sarah klarmachen, wofür die normale, instinktive Frau sie hält –, als sie sich gegen den Selbstmord entscheidet, den Kampf aufgibt und sich entschließt, ihr schier unerträgliches Leiden anzunehmen. Die erste Wendung zu einer religiösen Haltung hin vollzieht *sie selbst* in ihrem Gebet zu Gott (3,11). Wenn aber Gott sie nicht sterben lassen will (3,15), dann muß Er sich ihren Vorwurf anhören. Solch ein verzweifelter Appell – zugleich mit der Bereitschaft, ihre Selbstmordabsicht zu opfern – verhallt selten ungehört, die göttliche Seite der Seele regt sich. Psychologisch ausgedrückt: das Ich opfert sich und bittet das Selbst, die Führung zu übernehmen.

Das Selbst übernimmt sie in der Tat sehr gründlich und schickt Raphael zu Hilfe. Das göttliche Element bleibt indessen bis zum Schluß der Erzählung unerkannt, wie dies auch bei uns heutzutage der Fall ist. Doch reagiert nicht nur der archetypische Hintergrund, gleichzeitig tritt auch der alte Tobit seinem Sohn Tobias die Handlung ab, wobei letzterer – als menschliches Wesen – Sarahs individuellem Animus entsprechen würde.

Tobias übernahm nun tatsächlich die religiöse Funktion des Animus. Denn unmittelbar nachdem ihn sein Vater mit der Aufgabe betraut hatte, das Geld – ein im Unbewußten liegender, unberührter und ungenutzter Betrag psychischer Energie – von Gabael zurückzubringen, begann er nach Zeichen Ausschau zu halten, die ihn auf dem Weg, seine vorgezeichnete Aufgabe zu erfüllen, leiten könnten. Er war es, der Raphael begegnete und ihn zu seinem Vater führte, und während der ganzen Reise ließ er sich durch die Empfehlungen und Anweisungen des Erzengels führen, auch wenn er dabei höchst berechtigte Ängste überwinden mußte.

Ein guter Teil dieser Vorgänge verliefen für Sarah völlig im Unbewußten, wie dies auch noch heutzutage bei der Frau der Fall ist. Wenn sie sich aber einmal zu einer völlig neuen Einstellung dem Leben und dem Animus gegenüber entschlossen hat, beginnt sich auch letzterer zu wandeln, ohne daß sie es wahrnimmt. Ich habe mehrmals Fälle beobachtet, wo die Frau ebenso angenehm überrascht war wie seinerzeit Sarah, als ihr Tobias im Bewußtsein erschien.

Sarah akzeptierte Tobias sogleich, und von da an war das Handeln, von ihrem psychologischen Standpunkt her gesehen, bewußt. Zusammen führten sie Raphaels Anweisungen aus und gelangten zur coniunctio «in lauterer Gesinnung» (8,7), welche das ‹Licht Gottes›, das heißt psychologisch ausgedrückt ein neues Bewußtsein, symbolisiert.

Abschließend wollen wir noch, aus dem Blickwinkel von Sarahs Psychologie, die Bilder des Selbst in dieser Erzählung betrachten. Bekanntlich neigen die Bilder des Selbst dazu, von gleichem Geschlecht zu sein wie der Träumer selbst, obwohl dies keinesfalls eine unveränderliche Regel darstellt. Es gibt gewisse Anzeichen einer weiblichen göttlichen Figur, welche hinter der Szene tätig ist, so bei den Sperlingen der Aphrodite und der Fischgöttin Kleinasiens. Aber das sind bloße Andeutungen, verborgen hinter der einen, übermächtigen Gestalt Raphaels. Engel haben eine gewisse geschlechtslose Qualität, und im Grunde ist auch das Selbst, als eine Vereinigung der Gegensätze, hermaphroditisch. Daher schlage ich vor, Raphael (dabei aber seinen Schatten Asmodäus nicht vergessend) als eine *bildliche* Verkörperung des Selbst aufzufassen, sei es, daß man unsere Erzählung vom männlichen oder vom weiblichen Standpunkt aus betrachtet.

Indessen dürfen wir nicht vergessen, daß Tobits und Sarahs Gebete «von der Herrlichkeit Gottes erhört» (3,16) wurden und daß Er sodann, um ihnen beiden zu helfen, seinen Erzengel zur Erde sandte. In der Folge hören wir nichts mehr von Ihm, alles wird nun von Raphael vollbracht. Psychologisch gesehen entspricht dies genau dem Archetypus per se, welcher – wie JUNG des öfteren betont – unerkennbar ist. Einzig in seiner bildlichen Erscheinung können wir ihn wahrnehmen und erleben. In unserer Erzählung war es Raphael, der von allen Beteiligten und insbesondere von Tobias in vertrautem Umgang erfahren wurde. Von der männlichen Psychologie her gesehen, scheint mir daher die Figur des Tobias, als ‹Held› unserer Erzählung, das archetypische Modell eines männlich-aktiven, den Drachen (= Asmodäus) überwindenden Ichbewußtseins zu repräsentieren, derweil er für die weibliche Psychologie die religiöse Funktion des Animus in der Frau darstellt, der ihr insofern tatkräftig beistehen wird, als sie ihr Leiden annimmt und sich des Wertes ihres ureigenen weiblichen Prinzips bewußt wird. Vor allem aber repräsentiert Tobias den Geist loyaler und echter Rechtschaffenheit.

Anmerkungen (vom Übersetzer)

1 Edgar Hennecke: Neutestamentliche Apokryphen in deutscher Übersetzung. Hrsg. von Wilhelm Schneemelcher, Bd. 1, Tübingen ^{4}1986, 63: Pap. Ox. 654.

2 Marie-Louise von Franz: Psychologische Märcheninterpretation. Eine Einführung. München 1986, 55.

3 Carl Gustav Jung: Aion. Beiträge zur Symbolik des Selbst. Gesammelte Werke Bd. 9/II, Olten und Freiburg i.Br. 1976.

4 Ebenda, § 174.

5 = Gesandter Gottes bzw. ein Aspekt Jahwes selbst. Vgl. dazu Riwkah Kluger-Schärf: Die Gestalt des Satans im Alten Testament. In: Carl Gustav Jung: Symbolik des Geistes. Zürich 1953, 207ff.

6 Carl Gustav Jung: Theoretische Überlegungen zum Wesen des Psychischen. GW 8, §§ 414ff.

7 ‹*Warum gabst du uns die tiefen Blicke?*› 14. April 1776. Im selben Jahr hat Goethe an Wieland über Frau von Stein geschrieben: «Ich kann mir die Bedeutsamkeit – die Macht, die diese Frau über mich hat, anders nicht erklären als durch die Seelenwanderung. – Ja, wir waren einst Mann und Weib! – Nun wissen wir von uns – verhüllt in Geisterduft – . Ich habe keine Namen für uns – die Vergangenheit – die Zukunft – das All.» Zitat nach der Einführung von Emil Staiger in: Goethe, Gedichte Bd. 2. Artemis Ausgabe, Zürich 1977, 638.

8 Tob. 12,19: «Ihr meintet, mich essen zu sehen, aber ihr schautet nur eine Erscheinung» (Vetus Latina).

Barbara Hannah: The Religious Function of the Animus in the Book of Tobit. The Guild of Pastoral Psychology. Guild Lecture No. 114, London 1961.

Vortrag vom 7. Oktober 1960 in der Guild of Pastoral Psychology, London. Übersetzt von Dr. René Malamud, Kienastenwiesweg 43, 8053 Zürich.

Eva Wertenschlag-Birkhäuser

Das Gespräch zwischen Khalid und Morienus über den Stein

Ein Beitrag zur psychologischen Deutung alchemistischer Vorstellungen

Ich werde Ihnen heute abend einen ursprünglich arabischen alchemistischen Text aus dem 8. Jahrhundert vorstellen: das Gespräch zwischen Khalid und Morienus. Bei meinem Referat gehe ich davon aus, daß Sie die Werke von CARL GUSTAV JUNG und MARIE-LOUISE VON FRANZ über Alchemie kennen. Ich werde daher nicht mehr über den Inhalt, die Geschichte und die Bedeutung der Alchemie im allgemeinen sprechen, auch nicht über den Zusammenhang von Alchemie und Tiefenpsychologie. Meine Absicht ist es vielmehr, heute abend die genannte alchemistische Schrift ins Zentrum zu stellen und einige Passagen daraus zu deuten. Ich werde mich vor allem mit dem Thema der prima materia befassen und mit dem Anfang des opus. Von der Erfahrung her liegt mir das am nächsten, und mir scheint, MORIENUS sage darüber besonders Wesentliches.

Ich selber hätte ohne JUNGS eingehende Bearbeitung des alchemistischen Stoffes wenig Ahnung, wie diese Bilder zu verstehen sind und welches die großen Linien sind. Ich folge also seinem Verständnis des alchemistischen Werkes. JUNG entdeckte, daß die alchemistischen Vorstellungen Selbstdarstellungen seelischer Prozesse sind, die sich dem Adepten während des Experimentierens unwillkürlich aufdrängten, wenn er in die Retorte schaute. Er sah, wie die Stoffe sich verheirateten und etwas zeugten, wie sie durch einen Tod und eine Neugeburt gingen oder wie eine Schöpfung entstand. So finden wir in den alchemistischen Phantasien Zeugnisse für die spontane Symbolbildung des Unbewußten. In den Hauptlinien entsprechen die Bilder des opus jenen des Individuationsprozesses. Abgesehen von JUNGS Werken ist für mich die alchemistische Bilderwelt über die Beobachtung seelischer Reifungsprozesse bei meinen Analysanden und bei mir selbst lebendig geworden. Seitdem ich mich mit Alchemie befasse, fällt mir andauernd Traummaterial zu, das reich an solcher Symbolik ist. Mit der Alchemie erforschen wir die Wurzeln und Voraussetzungen unserer Kultur, die unbewußten Unterstömungen unseres bewußten Geistes. Ja, es liegt da ein kostbarer Schatz, den es sich lohnt zu heben.

Ich will Ihnen den Traum erzählen, auf Grund dessen ich mich ernsthaft der Alchemie zuwandte:

> «Ich fand im Traum einen Schatz, eine Sammlung wertvoller alter Schriften und Bilder. Es waren vor allem arabische und ägyptische Texte dabei, manche auf kunstvolle Art mit feinem Faden gestickt. Ich war beeindruckt und erfreut. Schließlich fand ich ein kleines Bild. Darauf war ein Einhorn gemalt mit einem kleinen Kind als Reiter. Das Bild gefiel mir außerordentlich. Ich drehte es um und fand zu meinem Erstaunen geschrieben, das sei mein Bild seit meiner Kindheit.»

Die Sammlung alter Schriften waren für mich bald darauf die alchemistischen Texte, und darin fand ich tatsächlich meine Bilder aus dem Unbewußten wieder, meinen Mythos und die Wurzeln. JUNG hat öfter geschrieben, daß der alchemistische Mythos als Ganzes wie ein großer wertvoller kollektiver Traum sei, den zu verstehen für uns Heutige von höchster Aktualität sei. In diesem Sinne möchte ich von Khalid und Morienus sprechen.

Woher stammt der Text, und wer waren KHALID und MORIENUS? Das Gespräch zwischen Khalid und Morienus liegt uns in lateinischer Übersetzung in Manuskripten und als Druck in der Artis Auriferae, Band 2, aus dem Jahre 1610 vor.[1] Ich beziehe mich hier auf diesen Druck. Das arabische Original, dessen Vorhandensein bei Philologen heftig umstritten ist, ist zwar bis heute nicht gefunden und publiziert worden, doch liegt es vermutlich im Keller einer Bibliothek vergraben.[2] Der Text gehört inhaltlich in die Tradition der Weisheiten des HERMES TRISMEGISTOS. Viele Aussagen gehen zurück auf ältere griechische und ägyptische Alchemisten. Es werden OSTANES, MARIA, ZOSIMOS und eben HERMES zitiert. Es bleibt im Dunkeln, ob je ein historisch reales Gespräch zwischen einem Khalid und einem Morienus stattgefunden hat. Lediglich über Khalid gibt es einigermaßen sichere Überlieferungen. Häufig wurden alchemistische Weisheiten in Dialogform niedergeschrieben. So ist es auch hier möglich, daß das Gespräch zwei halb legendären Personen in den Mund gelegt wurde. Ich will Ihnen kurz schildern, was von den beiden Gestalten überliefert wird.

Khalid Ibn Yazid war ein muslimischer Kalifensohn in Damaskus oder Alexandrien. Er lebte ungefähr von 665 bis 720. Da er auf das Kalifat verzichten mußte, wandte er sein Interesse den Wissenschaften zu. Er soll der erste Araber gewesen sein, der sich mit Al-Kimija befaßt habe. Er habe viele griechische und ägyptische Schriften gesammelt und übersetzen lassen. Er habe die Kunst selber erlernt, und zwar bei einem griechischen oder römischen Mönch Morienus oder Marianus.[3]

Viel unsicherer ist, was über Morienus berichtet wird. Nach arabischer Überlieferung war er ein Mönch in Alexandrien. In den späteren lateinischen Übersetzungen wurde im Vorspann des eigentlichen Textes einiges dazu phantasiert. Morienus habe bei einem Weisen Adfar von Alexandrien die Alchemie erlernt. Er habe wirklich Gold herstellen können. Dann sei er Eremit in den Bergen bei Jerusalem geworden. Zu der Zeit habe Khalid Gelehrte um sich versammelt, damit sie ihm die Kunst des Goldmachens lehren sollten. Auch Morienus sei hergereist. Allein in einem Haus habe er das Werk vollendet und sei dann wieder verschwunden. Auf das hermetische Gefäß soll er die berühmt gewordenen Worte geschrieben haben:

> «Alle, die alles bei sich haben, bedürfen fremder Hilfe auf keine Weise.»

Als Khalid den Morienus nicht mehr vorfand, geriet er in solche Wut, daß er die anderen unfähigen Wissenschaftler köpfen ließ. Viele Jahre später fand ein Sklave des Khalid den greisen Morienus wieder und führte ihn zu Khalid. Nun konnte das Gespräch, das uns überliefert ist, stattfinden und Khalid seine Fragen über die Geheimnisse der Kunst stellen. Morienus sagte ihm:

> «Den Stein, den du schon lange gesucht hast, empfängt man nicht durch Gewalt und Zorn, und so wird er nicht zustande gebracht. Er wird vielmehr durch Geduld, Demut und zuverlässige und vollkommene Liebe empfangen.»

Diese Worte charakterisieren den Geist des Gesprächs. Khalid stellt seine Fragen eindringlich, ungeduldig und will immer praktische Hinweise und konkrete Beschreibungen der prima materia, des Verfahrens und des Steins haben. Die Antworten des Morienus aber bleiben paradox und vieldeutig. Seine Lehren folgen keinem klaren Aufbau, sondern kreisen mehr um die zentralen Inhalte. Diese beschreibt er immer wieder mit neuen Bildern, bald sind es chemische Rezepte, bald philosophische und religiöse Weisheiten. Morienus ist mehr ein Mystiker und weniger ein Praktiker. Für ihn ist das opus ein inneres Erlebnis. Eine seiner berühmtesten Aussagen lautet:

> «Der Stein wird aus dir ausgezogen. Auch bist du dessen Wandlungssubstanz, denn bei dir finden sie sie, und um es noch deutlicher zu offenbaren, von dir empfangen sie sie ...»

Ich werde Ihnen jetzt einige Passagen aus dem Text zitieren und anschließend deuten. Sie werden nur eine Auswahl von Textstellen zu hören bekommen. Insgesamt umfaßt der Text etwa 20 Seiten.

> «KÖNIG KHALID: O Morienus, zuerst möchte ich dich fragen, welches und welcher Art ist die ursprüngliche Substanz und Materie dieses Dinges (des Steins), sind es viele oder mehrere Substanzen oder wird das Ding aus einer Materie verfertigt?
>
> MORIENUS: Von diesem Ding gibt es eine erste und ursprüngliche Substanz und Materie, und von dieser Substanz gibt es das Eine, und mit ihr entsteht es, und nichts wird hinzugefügt oder weggenommen ...
>
> Das Werk geht zuerst aus einer Wurzel hervor, welche sich darauf in mehrere Dinge entfaltet und dann wiederum zum Einen zurückkehrt ...
>
> HERMES sagt auch: Die Erde ist die Mutter der Elemente; aus ihr gehen sie hervor und zu ihr kehren sie zurück ...
>
> MORIENUS: Verschiedenartig sind zwar die Namen für seine Wurzel, aber wenn du das, was oben gesagt worden ist, richtig betrachtest, wirst du eine Wurzel und eine Substanz und eine Materie finden ...
>
> Auf ähnliche Weise besteht dieses Werk allein durch sich selbst und bedarf keines andern. Da ja nach Meinung der Philosophen diese Lehre geheim und verborgen und doch überall ist, wird sie mit tausend Namen bezeichnet. Auch ist sie versiegelt und nur den Weisen zugänglich.»

Es ist die Rede vom Anfang, von der prima materia und dem Verlauf des Werkes. Wir finden hier Ideen der griechischen Vorsokratiker, bei denen die Alchemie eine ihrer geistigen Wurzeln hat.

Wie die Individuation ist das Werk eine Art Kreislauf. Man kann das ursprünglich Eine als das kollektive Unbewußte auffassen, als den Ursprung oder Gott, aber auch als die vorbewußte Ganzheit, das

Selbst in nuce. Es geht scheinbar verloren, wenn der Mensch zu neuem Bewußtsein erwacht, in Konflikt gerät – im Text ist das ausgedrückt im Auseinanderbrechen in die vier Elemente. Man fühlt sich nicht mehr eins. Doch will sich die Einswerdung als Ziel der Individuation auf neuer Ebene realisieren. Das Ziel ist im Ursprung verborgen schon da. So ist das Eine sowohl anfängliche prima materia, die Voraussetzung, als auch der vollendete Stein.

Wir erfahren weiter: es gibt tausend Namen für dieses Eine, für die prima materia, für den Stein, und doch geht es immer um dieses selbe Eine. Es ist überall und doch versiegelt. Ich verstehe das so, daß es so viele Erlebnismöglichkeiten des Selbst gibt, wie es Individuen gibt. Insofern haben die Alchemisten eigentlich eine psychologische Wahrheit umschrieben. Jeder erlebt das Selbst und den Weg dazu auf seine eigene, nicht austauschbare Weise, von seinen Voraussetzungen ausgehend. Die Projektion der unbewußten Seele und des Selbst auf ein Unbekanntes – das geht ja unwillkürlich vor beim Finden der prima materia – geht vom Individuum aus und kann sich an irgendeinem Stück ‹Leben› ereignen. So werden wir enttäuscht, wenn wir nach genauen Definitionen der prima materia, des Anfangs für Erneuerung und Neugeburt suchen. Es gibt sie nicht. Vielmehr finden wir paradoxe Andeutungen und Rätsel. So gibt es keine Regeln in der Individuation. Es ist immer ein einmaliges Geschehen. Und was beim einen zutrifft, ist beim andern umgekehrt. Und doch geht es immer um das Eine, um das Selbst. Es ist das allerintimste eigene Selbst, das zugleich als überpersönliches Zentrum in allen wohnt.

Eins ist auch das Werk. Es besteht ganz aus sich selber und bedarf keiner äußeren Zutat. Es ist ein in sich geschlossener Kreislauf. In der Alchemie wird dies noch durch das Gefäß betont. Auf dieses hat Morienus wie erwähnt die bekannten Worte geschrieben:

> «Alle, die alles bei sich haben, bedürfen fremder Hilfe auf keine Weise.»

Wenn jemand in Analyse kommt, wird er nicht mehr länger nach äußeren Maßstäben bewertet, etwa den Regeln des kollektiven Bewußtseins – das wären äußere Zutaten, wie MORIENUS sich ausdrückt –, sondern mit den eigenen inneren aus dem Unbewußten konfrontiert. Die Erfahrungen des Lebens, die Konflikte und Leiden, werden von innen her betrachtet mit Hilfe der Träume, somit im Gefäß bearbeitet. Es bedeutet auch, daß man die Spannung aushält. Nichts soll vorerst nach außen dringen, und was früher in der Projektion unbewußt gelebt worden ist, wird nach innen genommen. So kommt der Mensch zu sich selbst, zu seinen inneren Tatsachen, aber auch zu seinem inneren Mikrokosmos, wie wir später im Text noch sehen werden. In der objektiven unbewußten Psyche, im kollektiven Unbewußten, begegnet er der ganzen Welt. So ist das Werk eins und besteht aus sich selbst.

Ich möchte einzig beim Bild der Erde noch etwas verweilen. In ihr steckt das Werk wie eine Wurzel oder ein Keim und wächst als etwas in sich Ganzes hervor. Bei Morienus ist die Erde ein Bild für jenen geheimnisvollen Grundstoff, die prima materia, nach der die Alchemisten fasziniert suchten. Sie dachten, es gäbe eine nicht weiter auflösbare Grundsubstanz, aus der alle Erscheinungen, der ganze Kosmos aufgebaut seien und die die göttliche Schöpfungskraft enthalte, das Gold. Diese wunderbare Erde ist von allem Anfang an da. Sie enthält Luft, Feuer und Wasser in sich. Sie ist Ursprung und Ziel, sagt MORIENUS. Anfangs eine massa confusa, ist sie in ihrem vollendeten, gereinigten Zustand das Material für den lapis oder den ganzen Menschen, den Anthropos.

In sich selber findet der Mensch diese Erde, sagt MORIENUS. Alle Beschreibungen der Erde decken sich eigentlich mit JUNGS Idee des kollektiven Unbewußten. JUNG hat mit diesem modernen Begriff neu formuliert und empirisch nachgewiesen, anhand der Manifestationen des Unbewußten, was wir in vielen archetypischen Bildern der Alchemisten ausgedrückt finden: in der Erde, im Einen, im Geist Mercurius, in der Weltseele. In der Tiefe der eigenen Seele stößt der Einzelne auf die «Grundstoffe des Menschen und der Welt», auf die Archetypen nämlich. An sich erlebt er die Einwirkung der an sich unanschaulichen Archetypen, des ‹Weltgeistes›, auf sein Leben. Ja, das Werk oder modern ausgedrückt die Individuation beginnt, wenn diese Tiefe der unbewußten Seele aktiviert ist, sei es von innen her oder projiziert im Außen als Lebensschicksal. MARIE-LOUISE VON FRANZ formuliert es als das Überwältigende, Zwingende, Ergreifende, das in ein Leben einbricht und es mit unwiderstehlicher Kraft in eine bestimmte Richtung lenkt.[4] Darin ist die prima materia zu finden, die es mit großer Anstrengung zu bearbeiten gilt. Daraus muß das Gold herausdestilliert werden. Psychologisch verstanden heißt das, daß aus dem Überwältigenden der Sinnaspekt integriert und dahinter das Selbst sichtbar wird.

Die Erde deutet zudem auf den irdischen, körperlichen, begrenzten und im konkreten Leben verankerten Menschen hin. Sie ist seine Naturseite. Sie ist jener Teil, der nicht vergeistigt oder bewußt gemacht ist, und der auch nur begrenzt bewußt gemacht werden kann. Hier drängt sich auch MORIENUS' Bild der Wurzel auf. Über diese Wurzel, den körperlichen, natürlichen Menschen, auch seine Trieb- und Instinktnatur, ist der Mensch mit den entfernten Tiefen des kollektiven Unbewußten verbunden, mit der Urerde, dem Einen – oder wie JUNG sich ausgedrückt hat – mit dem unus mundus, wo außen und innen, Materie und Geist nach seiner Hypothese in eins fallen. Geht es im alchemistischen opus darum, aus dieser Erde – scheinbar toter Materie – den lebendigen lapis herzustellen oder zu befreien, so geht es in der Individuation um die ‹Erlösung› jenes Teils des Selbst, der in der unbewußten Natur und im Körper inkarniert ist und im vielleicht sinnlos scheinenden konkreten Leben verborgen ist.

Ich kehre zum Text zurück. Es folgen jetzt chemische Rezepte. Khalid möchte Genaueres über das Verfahren im opus wissen. Ich lese einige Anweisungen vor.

«MORIENUS: ... unser lato (unreiner Körper) ist zwar, obwohl er zuerst rot ist, dennoch unnütz; wenn er sich aber nach der Röte in weiß verwandelt, wird er viel wert sein ... HERMES sagt: Am Anfang ist die Schwärze; darauf folgt mit dem Salz (A)natron die Weisse. Zuerst war das Rot und am Schluß das Weiß, und so wird seine Schwärze völlig entfernt und wandelt sich schließlich in eine leuchtende und glänzende Röte. Auch MARIA sagt: Wenn aber lato mit alzebric, das ist Schwefel, verbrannt wird, so daß seine Hitzigkeit enfernt wird, dann schwindet die ganze Dunkelheit und Schwärze von ihm (lato), und so verwandelt er sich in reinstes Gold ... Auch ein anderer sagt: Wenn aber allein lato so lange gekocht wird, bis Fischaugen aufleuchten, wird seine Brauchbarkeit zu erwarten sein. Und dann wisse, daß er zu seiner Natur und Farbe zurückkehren wird ...

MORIENUS: Diese Anordnung (Verbindung) entsteht, wie der Weise sagt, wenn Azoc und Feuer den lato waschen und reinigen und die Dunkelheit gänzlich von ihm entfernen. Der Weise sagt nämlich auch: Wenn du das Maß des Feuers richtig ansetzest, werden dir mit Gottes Hilfe Azoc und Feuer für diese Anordnung genügen. Daher sagt ELBO INTERFECTOR: Weißet den lato und zerreißet die Bücher, damit eure Herzen nicht verdorben werden. ... Nun sage ich dir auch, daß es niemals etwas Beseeltes oder durch Geburt Erschaffenes und auch nicht etwas Wachsendes gegeben hat, außer nach der Fäulnis und nach dessen Verwandlung. Deshalb sagt der Weise, daß es die ganze Wirksamkeit dieses Werkes nur nach der Fäulnis gibt. Denn er sagt: Wenn es nicht verfault ist, kann es sich nicht zersetzen oder sich lösen, und wenn es sich nicht löst, kehrt es zu nichts zurück. . . .

KÖNIG KHALID: Bis hierher haben wir sowohl über die Natur des Steines als auch über seine Farbe gesprochen. Nun aber wollen wir uns über seine natürliche Zusammensetzung, über sein Anfühlen und dann über sein Gewicht und seinen Geschmack auslassen.

MORIENUS: Beim Anfühlen dieses Steines ist er weich. Noch größere Weichheit ist (außen) an ihm als in seinem Körper. Sein Gewicht ist sehr schwer und sein Geschmack aufs süßeste. Seine Beschaffenheit ist luftig. . . .

Deshalb sagt auch der Weise: Wer seine Seele (des Steins) weiß gemacht hat und sie wieder hat aufsteigen lassen, und wer den Körper gut bewahrt und die ganze Dunkelheit von ihm entfernt und den schlechten Geruch von ihm beseitigt hat, der wird sie selbst (die Seele) in den Körper hineingießen können. Und in der Stunde der Vereinigung werden die größten Wunder geschehen . . .

MORIENUS: Unser ganzes Werk ist nichts anderes, als daß wir der Erde das Wasser entziehen, dieses wieder über die Erde herabsenken, bis sie selbst zu faulen beginnt. Die Erde fault nämlich mit dem Wasser und wird gereinigt. Und wenn diese gereinigt ist, wird das ganze Werk mit göttlicher Hilfe erreicht sein. . . .»

Die symbolische Deutung der chemischen Anweisungen braucht viel Zeit und Sorgfalt. Ich will mich auf ganz wenige Bilder beschränken. Vieles bleibt mir auch ganz dunkel. Wie wir bei MARIE-LOUISE VON FRANZ lesen können, haben die chemischen Rezepte ihre Wurzeln in den ägyptischen Einbalsamierungspraktiken und den afrikanischen magischen Techniken zur Herstellung von Zaubermedizin.[5] Die praktischen chemischen Vorgänge kann man im übertragenen Sinn mit den langen Läuterungs-, Reifungs- und Bewußtwerdungsprozessen in einer Analyse oder allgemein der Individuation vergleichen. In der nigredo (Schwärze) beispielsweise ist man vom Unbewußten ganz überwältigt oder noch gänzlich damit vermischt – mit dem Schatten, der Anima – oder besessen davon. Sobald man sein Leiden am Unbewußten im Gefäß gefaßt hat, das heißt introvertiert bebrütet, beginnt eine bewußte Zuwendung zum Unbewußten und eine Auseinandersetzung, bis das Unbewußte seine belebende, sinngebende, reinigende Wirkung entfaltet. Das entspricht dem Herausziehen des Wassers aus der Erde und dem Auftauchen von Fischaugen und der Weiße aus der dunklen Anfangsmaterie. Ein neues Licht, ein reiferer Bewußtseinszustand ist erreicht.

Ich denke, psychologisch verstanden haben wir es mit Erfahrungen zu tun, die dem Menschen begegnen, wenn er mit dem kollekiven Unbewußten, eben mit ‹übermächtigen›, nicht mehr subjektzugehörigen Faktoren in Berührung kommt. JUNG schreibt öfter, daß wir die Archetypen des kollektiven Unbewußten nie vollständig integrieren können. Ein Teil bleibt autonom und unbekannt. Und doch müssen wir sie ‹bearbeiten›, denn es sind jene Faktoren, die – wenn sie konstelliert sind – unser Leben bestimmen, und zwar auch destruktiv. JUNG schreibt darüber, daß man zu diesen tiefen Schichten der Psyche und den Inhalten, die von dort her überwältigend auftreten, einzig «in Beziehung treten», sie im Auge behalten kann, vor allem in der Aktiven Imagination, dann verlieren sie vielleicht ihre destruktive Wirkung und werden ein Stück weit ‹erlöst›, assimiliert. Ich denke, damit beginnt ein Bearbeiten der Erde oder des kollektiven Unbewußten. Natürlich ist das nicht ein gefahrloses Unternehmen und geschieht auch nicht bei vielen Menschen – diese direkte, unmittelbare, bewußte Begegnung mit den Archetypen. Es geht um ein *bewußtes* Erleben. Unbewußt wird jeder von Archetypen ergriffen. Aber erst bei der Verbindung des bewußten Menschen mit diesen Tiefen der Psyche findet coniunctio statt. Oben und unten vereinigen sich.

Wie wird das nun erlebt? Oder anders gefragt, woher fällt mir diese ‹Erde› zu? Wir stoßen im Text auf den lato als prima materia und auf eine anfängliche Röte. Lato bedeutet Kupfer, das Metall der Liebesgöttin Venus. Zugleich heißt lato Sünder und unreiner Körper. Kupfer galt den Alchemisten als wertvoller Ausgangsstoff, aber auch als gefährliches Metall. Es werde leicht giftig. Grünspan sei das ‹Gift› des Kupfers. Kupfer ist weich und leicht schmelzbar. Es galt als weibliches Metall. Leicht läßt es sich verbinden mit anderen Metallen und hat daher im übertragenen Sinn Verwandtschaft mit der Verbindung schaffenden Liebe. So kann man den lato als jene prima materia verstehen, die mit der Verwicklung in Liebe entsteht. Es ist zum Beispiel der hitzige, von Begehren und Emotionen geprägte Anfangszustand in der Liebe. In unserem Text ist das auch die Röte, die die Assoziationen von Blut und Feuer hervorruft, beides Bilder, die später im Text noch als Charakteristika der prima materia erwähnt werden. Blut und Feuer nennt MORIENUS die wichigsten Kräfte zur Verbindung von Gegensätzen. Man braucht sie dringend, aber in gemildertem Maße, sonst richten sie Schaden an. Wenn es darum geht, das Gold aus dem Kupfer herauszuarbeiten, dann konstelliert sich das Selbst beispielsweise in der Getriebenheit, in Leidenschaft, in der Sinnlichkeit. Archetypisches ergreift einen von ‹unten›, vom infraroten Ende her, wie JUNG sich ausdrückt, wenn er die Wirkungen der Archetypen mit dem Farbspektrum vergleicht, und vermutlich auch von außen, vom Leben her.[6] Gerade das Beispiel der Liebe zeigt, wie Seelisches sich unbezwinglich außen, im Konkreten, eben im geliebten Menschen festlegt und nur dort gefunden werden kann. So hat Kupfer wohl mit dem konkreten Leben zu tun und zugleich mit den entsprechenden innerseelischen Impulsen. Das Werk zielt dahin, diese von der christlichen Weltanschauung verworfene Naturseite – den im Leben und im ‹Fleische› verstrickten Menschen, den Sünder eben – zu integrieren. Der sinnhafte Wert, ja etwas Göttliches soll sich daraus entpuppen. Dieser Teil des Menschen wird weder verdrängt oder überwunden im christlichen Sinn noch animalisch ausgelebt. Im opus wird der lato im Gefäß eingeschlossen, gereinigt, gewaschen, die Schwärze oder Röte oder Hitzigkeit entfernt, dann verwandelt er sich. Psychologisch verstanden heißt das: Wenn sich die Notwendigkeit einer Integration jener überwältigenden Impulse aufdrängt – beispielsweise angezeigt in den Träumen –, dann geht es einmal darum, die Getriebenheit, die Emotion, den hitzigen Konflikt oder dieses Stück Leben überhaupt bewußt anzunehmen und vielleicht zu erleiden, doch dann innerlich, introvertiert zu bearbeiten. Das heißt, ich schaue auf die Bilder in den Imaginationen und Träumen, die gleichzeitig entstehen, wenn ich an der eigenen Leidenschaft leide. Im Text geschieht die Verwandlung durch Feuerkraft, den schwarzen Schwefel (alzebric) oder durch die Feuertaufe, Azoc oder Azoth, ein Bild für das aktive, männliche Feuer des Mercurius. Es ist beispielsweise die reinigende, verwandelnde Kraft der Emotion, die zugleich Schmerzen verursacht und mit dem Luziferischen zusammenhängt.[7] Eine 35jährige Analysandin erzählte mir einen Traum, der diese Vorgänge veranschaulichen kann. Die Frau hatte ein unlösbares Liebesproblem, das ihr viel Leiden brachte. Im Zeitpunkt des Traumes war sie geplagt von der Begegnung mit der eigenen Affektnatur, Sehnsüchten, Begehren und Enttäuschungen. Eindeutig gehörte dieses Liebesproblem und diese konflikthafte Beziehung zu einem wesentlichen Stück ihrer Individuation.

«Im Traum sehe ich mich auf Photographien eingeschlossen in einem Dampfbad oder Dampfkochtopf. Ich kann auf Meßgeräten steigende Hitze und Druck in diesem Raum ablesen. Ich sehe mich selbst unter Wasser und wie in Auflösung begriffen.»

Der Traum schildert meines Erachtens, wie in einem Menschen der ‹lato› bearbeitet und ‹gekocht› wird. Es ist eine Art Tod oder Taufe dargestellt, dem ein Teil der Frau unterworfen ist. Der bisherige Mensch mit seinem verfestigten, vielleicht einseitigen Bewußtsein wird ‹aufgelöst› und kann sich der Wirklichkeit des Selbst öffnen. Die Auflösung und Wandlung geschieht durch die Hitze des Leidens und der nach innen gewendeten Emotion. Es ist das Leiden an der eigenen Leidenschaft. So wird wie in der alchemistischen Prozedur alles Überflüssige abgewaschen, und nur das Wesentliche bleibt übrig, das Feuerfeste, Unauflösliche. Aus diesem ‹Bodensatz› – wie es MORIENUS später auch bezeichnet – wird der Stein, das heißt das Selbst geboren. Es ist eine tiefgreifende Wandlung und Neugeburt im Gange. Der Traum schildert das Stadium im Mutterleib. «Solve et coagula» (löse es und lasse es wieder fest werden), fassen die Alchemisten ihr Werk in einem lapidaren Satz zusammen. Im Traum geschieht das solvere, die solutio und ablutio, was lösen und reinigen bedeutet. Auch die nigredo (Schwärze) und die putrefactio (Zersetzung), die für die Alchemisten als eine Art Tod immer am Anfang des Werkes vor jeder Neuwerdung stehen, kann man darin sehen. Die prima materia muß nach Ansicht der Alchemisten ganz auf die Grundsubstanz zurückgeführt werden, geschmolzen, zerrieben, verbrannt, dann entsteht jener unauflösliche, wunderbare, gereinigte Stoff, der den Stein bildet.

Im Text heißt es: «Wenn der lato so lange gekocht wird, bis Fischaugen aufleuchten, wird seine Brauchbarkeit zu erwarten sein.» So lange muß die Leidenschaft und Getriebenheit, das Begehren bebrütet, das heißt beispielsweise ausphantasiert und gestaltet werden, bis einem Lichter aufgehen. Die Lichter sind Ausdruck für die sinnhaften Bilder der Archetypen, die hinter den Emotionen stehen. Zu diesen kann das Bewußtsein in Beziehung treten, und damit geschieht Vereinigung von Gegensätzlichem, von Bewußtem und Unbewußtem.

Unweigerlich führt das alchemistische Werk durch Schwärze, Zersetzung, Auflösung und Tod. Ohne Tod entsteht nichts Beseeltes, sagt MORIENUS. Das ist ein Bild für die seelische Wandlung in der Individuation. Diese kann nur geschehen, wenn das Bewußtsein im Unbewußten untertaucht und aus diesem Mutterschoß erneuert wird. Natürlich handelt es sich nur um ein relatives Sterben und Untertauchen, das mehr ein Zurücktreten des Bewußtseins ist, nie ein Auslöschen. Es ist eine Unterwerfung unter das Selbst, was aber wie ein Tod erlebt wird.

Eine 40jährige Analysandin träumte am Anfang der Analyse, sie komme zu mir in die Stunde. In meinem Praxisraum stand ein Sarg für sie bereit. Außen war er schwarz, innen hell weiß. Er war schalldicht abschließbar. Nach dem Gespräch mit mir legte sie sich in den Sarg hinein für etwa eine Stunde. Sie erlebte es als «gesundend». Das gehörte zu jeder Analysestunde.

Der Sarg mahnt mich daran, daß das opus ein in sich geschlossener Prozeß ist. In der Alchemie ist der Sarg häufig ein Bild für das hermetische Gefäß. So kommt auch diese Frau in der Analyse ins Wandlungsgefäß. In diesem Gefäß ist sie allein sich selbst ausgesetzt in der Finsternis – ihrem Unbewußten – unter Ausschluß aller äußeren Faktoren. Die Sinne können so ganz nach innen gewendet werden in totaler Introversion. Eine Nachtmeerfahrt beginnt. Zugleich ist das wie eine Initiation in das Mysterium der Wandlung und Neugeburt, denn der Sarg ist wie der Uterus der Großen Mutter. Die Frau muß sich also dem Unbewußten preisgeben, und das ist wie ein ‹Tod› für das Ich oder besser für alles Ichhafte, alles «ich will». Außen schwarz – innen weiß ist der Sarg. So ist auch die prima materia der Alchemisten eine Schwärze, in der die Weiße oder Lichter verborgen sind. Das Unbewußte präsentiert sich oft am Anfang einer Analyse als abstoßend, erschreckend, angsterregend. Die Träume bringen Kritik, fördern chaotische, triebhafte Impulse zu Tage. Man begegnet dem Schatten. Doch tiefer innen ist das Unbewußte erleuchtend, sinnbringend, heilend. Gerade die abscheulichsten Träume, die einem peinlich und unangenehm sind, enthalten manchmal das meiste Licht.

Die nigredo ist nicht allein die anfängliche Schwärze im Sinne einer Vermischtheit mit unbewußten Inhalten, sondern auch ein bewußtes Eintauchen in die unbekannte Tiefe. In der Finsternis geschieht die Begegnung mit den archaischen Mächten des Unbewußten, mit jenen archetypischen Inhalten, die bei einem Menschen in *seiner* prima materia und in *seinem* Leiden konstelliert sind und zu denen er in Beziehung treten muß. In der Alchemie soll die Schwärze daher lange bearbeitet werden. So erlebt ein Mensch in der nigredo einerseits Depression und Stillstand, nämlich mit seinem Ego, und er muß das ganz ertragen. Das ist wie ein Tod. Andererseits ist in der Tiefe der Schwärze das Unbewußte aktiviert, und diese dort verborgenen Inhalte gilt es sorgsam zu beachten und bewußt zu machen.

Jung äußert sich in einem Interview gegenüber Mircea Eliade im Jahre 1952 treffend über die nigredo. Ich will Ihnen ein paar Sätze daraus zitieren:

> «Diese Arbeit ist aber schwierig und voller Hindernisse: Das alchemistische *opus* birgt viele Gefahren. Gleich zu Beginn begegnet man dem ‹Drachen›, dem chthonischen Geist, dem ‹Teufel› oder – in alchemistischer Sprache – der ‹Schwärze›, der *nigredo.* Und diese Begegnung bringt Leiden mit sich. Die Materie leidet so lange, bis die ‹Schwärze› sich endlich auflöst; psychologisch gesehen befindet sich die Seele im Kampf mit der Melancholie, der Depression, sie ringt mit dem ‹Schatten›. Das Mysterium der *coniunctio,* der Vereinigung – das zentrale Mysterium der Alchemie – zielt nun gerade auf die Synthese der Gegensätze hin, auf die Assimilation der ‹Schwärze›, auf die Integration des Bösen. Für den ‹erleuchteten› Christen handelt es sich dabei um eine schwerwiegende seelische Erfahrung, denn sie beinhaltet die Konfrontation mit dem eigenen Schatten, mit der dunklen Seite, mit der *nigredo,* welche abgespalten ist und letztlich nie ganz vom Menschen integriert werden kann ...»
>
> Die rubedo (Röte, Gold) ist erreicht in einem Zustand, «in welchem die letzte Spur der Schwärze aufgelöst worden ist, und in welchem der ‹Teufel› keine autonome Existenz mehr führen kann, sondern mit der grundlegenden Einheit der Seele wieder verbunden ist. Nun ist das *opus magnum* der Alchemisten beendet: Die menschliche Seele ist vollkommen integriert.»[8]

Was dem Menschen in der Finsternis begegnet, ist natürlich immer wieder anders. Ich will gleichwohl ein Beispiel geben. Jene vorhin erwähnte Analysandin, die im Traum in den Sarg steigen mußte, erlebte ein Jahr später eine Zeit großer Niedergedrücktheit und quälender Konflikte. Sie war real geplagt von einer Leidenschaft, einer Liebe. Vor allem das sexuelle Begehren und die schattenhaften Aspekte wollte sie nicht wahrhaben und akzeptieren. Sie standen in krassem Gegensatz zu ihrer klar christlichen moralischen Einstellung und ihrer Gebundenheit in der Ehe. Sie träumte:

> «Im Wald begegnet mir ein wunderbares, rabenschwarzes, wildes Pferd. Es hat auf mich gewartet. In wildem Galopp rast es auf mich zu und springt dann, als ich mich zu Boden geworfen habe, elegant über mich hinweg. Wieder nimmt es Anlauf und überspringt mich, ohne mich zu verletzen. Das geschieht mehrere Male, und

ich bleibe am Boden geduckt liegen in Angst. Schließlich fasse ich Mut und sage zum Pferd: ‹Ich habe Angst, verschone mich.› Das Pferd hört und versteht es, läßt ab von seinen wilden Sprüngen und bleibt jetzt abwartend in meiner Nähe stehen.» So endet der Traum.

Das Pferd verkörpert hier die nigredo. Es ist Symbol für den unbewußten Impuls, der im Hintergrund der niedergedrückten Stimmung und des Konfliktes aktiviert ist. Man kann es als die animalische Hälfte der Träumerin verstehen, als jene psychische Sphäre, die ganz im Körper, beispielsweise im Triebleben verborgen ist. Das Tier ist eins mit der Natur und im Einklang mit seinem eigenen Gesetz. Wenn es hier Trieb bedeutet und vielleicht sexuelle Leidenschaft, dann drückt es den Trieb aus, der in Verbindung mit dem Selbst steht. Es ist rabenschwarz. Es gehört damit zu den chthonischen, unterweltlichen Mächten, vielleicht zum Sündigen, zum ganzen Problem des Dunkeln. Als Tier, das die menschliche Sprache versteht, mag es ein übernatürliches Wesen sein. Aufgrund des tiefen Gefühlseindruckes, den der Traum bei der Frau bewirkt hattte, sehe ich in diesem Pferd das Numinose im Trieb, den chthonischen Geist.

Ich will hier nicht weiter in dieses Traumbild eindringen. Ich denke, es ist ein Beispiel dafür, wie das Bearbeiten der Schwärze beginnt. Die Frau trat dann in einer Aktiven Imagination wieder in Kontakt mit dem Pferd oder, wenn man so will, mit den dunklen Trieben, wie sie sich bildhaft gestalteten. Daraus entstanden ihr Sinn und eine vertiefte Beziehung zum Unbewußten.

Ich komme zum Text zurück. Ich will Ihnen eine Passage vorlegen, die noch mehr Erhellung zum Verständnis der prima materia gibt.

«König Khalid: . . . Nun möchte ich dich aber fragen, ob dies Ding (der Stein) als etwas Wertloses oder Wertvolles gefunden wird.

Morienus: . . . Wenn du das, was du suchst (den Stein), auf dem Mist gefunden hast, nimm es; wenn du es aber auf dem Mist nicht gefunden hast, nimm die Hand weg vom Geldbeutel . . .

König Khalid: Läßt sich dies (der Stein), von dem du sprichst, selten oder oft finden?

Morienus: Dieser findet sich, wie der Weise sagt, beim Reichen und beim Armen, beim Freigebigen und beim Geizigen, beim Gehenden und beim Sitzenden. Denn dieser (Stein) wird auf den Wegen weggeworfen und wird auf den Mist getreten, und Viele haben schon im Mist gegraben, um ihn daraus herauszuziehen, und sind dabei enttäuscht worden. Aber die Weisen kennen das Ding selbst (den Stein) und haben dieses Ding des öftern überprüft. Dieses Ding (der Stein) enthält die vier Elemente und wird von diesen bestimmt . . .

Ihr Söhne der Weisheit, wisset, daß Gott der Schöpfer, der Höchste und Gepriesene, die Welt aus vier ungleichen Elementen erschaffen und den Menschen als größte Zierde unter die Elemente gestellt hat.

KÖNIG KHALID: Füge mir zu dem, was du gesagt hast, eine Erklärung bei!

MORIENUS: Was soll ich dir viel sagen? Dieses Ding (der Stein) nämlich wird aus dir ausgezogen. Auch bist du dessen Wandlungssubstanz, denn bei dir finden sie sie, und um es noch deutlicher zu offenbaren, von dir empfangen sie sie. Wenn du dies anerkannt hast, wird in dir die Liebe und Zuneigung dazu sich vermehren. Und du sollst auch wissen, daß dies wahr und unzweifelhaft bleibt.

KÖNIG KHALID: Kennst du keinen anderen Stein, der diesem Stein ähnlich ist, und durch dessen Wirkung und Kraft dasselbe zustande gebracht werden kann?

MORIENUS: Ich kenne keinen anderen Stein, der diesem Stein ähnlich wäre und der dessen Wirkung hätte. In diesem Stein nämlich sind die vier Elemente zusammengehalten. Und er ist der Welt und ihrer Struktur nachgebildet, und in der Welt wird kein anderer Stein gefunden, der diesem ähnlich wäre, weder in der Herstellung noch in der Beschaffenheit.»

Gewisse dieser Textstellen sind Ihnen wohl aus JUNGS Werken bekannt.[9] Ich beginne mit dem letzten Bild. Der Stein ist der Welt und ihrer Struktur nachgebildet und vereint die vier Elemente. Die Alchemisten verstanden ihr Werk als eine Schöpfung von kosmischer Dimension. Ja, der Stein als die Quintessenz aus den vier Elementen ist ein Gottesbild und das Urbild für den ganzen, unsterblichen Menschen, den Anthropos.[10] So charakterisieren die vier Elemente Dimensionen in der Psyche, die die Ichpersönlichkeit überragen und das Selbst als etwas Überpersönliches beschreiben. Der Stein ist eine Erfahrung im Einzelmenschen, aber nicht mehr vom Ich, sondern vom Selbst. Und im Selbst haben wir teil am ganzen Kosmos, am kollektiven Unbewußten.

Im Text steht: «Gott hat den Menschen als die größte Zierde zwischen die Elemente gestellt.» Der *irdische* Mensch ist in die physische Schöpfung hineingeboren, in die vier Elemente. Zugleich ist das auch ein Bild für die Gegensatzspannung, denn die Elemente untereinander sind die größten Feinde. *Im* Menschen prallen die Gegensätze aufeinander, werden als Kreuz erlitten und können in ihm, genauer im Selbst, im Stein, eins werden. Der gewöhnliche Mensch, das heißt seine Ichpersönlichkeit, wird im Leben dem Kreuz nicht entfliehen können, doch wird dadurch, daß er die Gegensätze erträgt, der lapis, das Selbst oder das Gottesbild geboren. JUNG schreibt in der ‹Psychologie der Übertragung›: «Die ‹Kreuztragung› ist daher ein passendes Symbol der Ganzheit und zugleich der Passion . . .»[11]

Von allem Anfang an ist das Werk vom Kreuz der vier Elemente bestimmt. Der anfängliche lapis, der im Mist gefunden wird, ist ja auch schon von den vier Elementen ‹beherrscht›. Daran erkennt man ihn überhaupt. «Dominatur» heißt es, «beherrscht werden» von den vier Elementen. Ich denke, da ist die Rede von den vier unversöhnten Elementen. Dort, wo ein Mensch seinen tiefsten Konflikt erleidet, beginnt oft die Individuation. Es ist aber gerade das, was man als unbrauchbar wegwerfen will, auf den Mist. Daher liegt bei MORIENUS der Anfang im Verworfenen, und zudem sagt er, man dürfe nicht an der Wurzel des Werkes vorbeigehen. Man darf nicht ausweichen. Offenbar ist Leidvolles und für das Bewußtsein Verwerfliches damit verbunden. Von MORIENUS soll der Ausspruch stammen: «Überaus eng ist der Zugang zum Frieden, und niemand kann dazu eingehen, außer durch das Leiden der Seele.»[12] In einer Vorlesung über Alchemie formuliert MARIE-LOUISE VON FRANZ diesen Tatbestand treffend. Sie sagt: «Der einzige Weg, auf dem sich das Selbst manifestieren kann, ist durch Konflikt: dem eigenen unlösbaren Konflikt begegnen, ist Gott begegnen. Es ist das Ende des Ego mit seinem ganzen Bluff.»[13] Wenn man die Zerrissenheit und Ausweglosigkeit ganz und bewußt erträgt, kann das *Eine* jenseits des Konfliktes hervortreten. Dann entsteht der Stein. Soweit VON FRANZ.

MORIENUS sagt: *Im Menschen,* im Körper oder dann eben im Mist oder der Erde finde sich die Wandlungssubstanz. Es ist die Naturseite im Menschen, die den Wert birgt, das Unbewußte, das mit dem Körper verbunden ist, zum Beispiel die Triebseite. Der körperliche Mensch ist vor allem in *christlicher* Sicht schmutzig, das heißt problematisch. Diese Seite ist verworfen, auf den Mist verbannt und erlösungsbedürftig. Dort ist der Mensch zerrissen. Mich dünkt, daß auch die moderne

HOC ACCIPE, QVOD IN STERQVILINIIS SVIS calcatur: ſi non, abſque ſcala aſcenſurus cades in caput.

«Nimm das an, was in den Mist getreten wird. Wenn du nämlich ohne Stufen aufsteigst, fällst du auf den Kopf.»

MICHAEL MAIER

Enttabuisierung des Trieblebens das Problem nicht gelöst hat. Sie entwertet den Trieb, indem sie ihn auf das Biologische reduziert. Wer würde heute schon wagen – außer JUNG –, im Trieb etwas Übermächtiges mit einer geistigen Implikation oder Göttliches zu sehen? In der analytischen Praxis erleben wir aber so häufig, daß jemand seine Liebesprobleme – und ich denke, sie gehören zur Naturseite des Menschen, zur prima materia – einfach verwirft, auf den Mist wirft, unterdrückt, entwertet oder allein als Getriebenheit, die er verachtet, erlebt, als Dreck oder Sinnlosigkeit. Aber gerade dort ist oft die ihm unbewußte, unerlöste Seele mit all ihren Dimensionen konstelliert. In diesem ungebändigten, wilden Bereich des Menschen, im ungeläuterten Begehren finden sich Sehnsüchte und Phantasien. Wenn man sie ernst nimmt und bewußt erlebt und gestaltet, sind es oft Phantasien vom Selbst und religiöse Bilder.[14] Dort verborgen liegt auch der Sinn der Liebe und der Sexualität als innere Ganzwerdung, der Drang zum mysterium coniunctionis. Das Schwierige besteht darin, dieses Ungeläuterte, Unerlöste anzunehmen mit all den schmutzigen Hüllen und daraus das Wertvolle zu extrahieren.

Ich will Ihnen den Traum einer Analysandin erzählen, der das Bild vom Mist und vom darin verborgenen Wert aufnimmt. Die Frau ist eine intellektuelle Naturwissenschaftlerin, der damals die Beziehung zur eigenen Natur fehlte. Im Zeitpunkt des Traumes war sie etwa 35 Jahre alt. Zum Trieb- und Instinkthaften, vor allem zur Sexualität und allgemein zu ihrer Weiblichkeit hatte sie keine gesunde Einstellung und Beziehung. Sie verurteilte oft zynisch ihre triebhaften Seiten und alles, was damit verbunden ist, doch war sie gleichzeitig zutiefst fasziniert davon und ab und zu ganz überschwemmt von triebhaften Impulsen und Phantasien. Sie träumte:

> «Ich bin in einem Stall. Aus den Senklöchern drückt Dreckwasser in den Stall. Es ist ein Überdruck im Jaucheloch. Mein Bruder kommt zu Hilfe und stopft noch mehr Mist und Jauche ins Loch. Nun entsteht im Loch ein Sog, ein Schlund. Da strecken plötzlich zwei kleine Füchse ihre Köpfe hervor und versuchen verzweifelt herauszukommen. Doch zieht der Sog die Füchse wieder in die Tiefe. Ich bin sprachlos vor Schrecken und sehe hilflos zu. Dann geschieht eine Umkehrung, wie ein Wunder. Plötzlich ist alles sauber, das Stinkwasser abgeflossen, und aus dem Loch springen fünf kleine, lebhafte, schöne Füchse hervor.»

Man kann sagen, daß bei dieser Frau im Naturbereich, in der Pflege von Instinkt und Trieb (im Stall) ein Überdruck entstanden ist, eine Blockierung. Sie erkennt das mit Entsetzen und ist hilflos. Was ich am Traum hervorheben möchte, sind die Füchse, die in der Jauche gefangen sind. Im Volksbrauch wurde früher der Vegetations- und Fruchtbarkeitsgeist, auch der Waldgeist als Fuchs gedacht. Bei uns hatte er auch dämonische Aspekte als Hexentier oder unerlöste Seele. In der Antike gehörte er zu Dionysos. In China galt er als Hüter geheimer Schätze. Er war zwar Urheber von Spuk, aber auch ein göttlicher alter Weiser. Aus dem Atem des Fuchses entstand das Lebenselixier oder gar die belebende Kraft der Welt. In der Alchemie erscheint der Fuchs als der evasive Mercurius, der göttliche Geist in der Natur.[15] Das rote Fell läßt an das lichtbringende Feuer denken, zum Beispiel die mit diesem Inhalt verbundenen Emotionen, welche die Bewußtwerdung vorantreiben. Mercurius ist das verwandelnde Feuer. JUNG versteht Mercurius als ein Bild für den Geist der unbewußten Natur, für die sinnhafte, finale Lenkung aus dem vorerst unbewußten Selbst. Von daher verstehe ich den Traumsinn folgendermaßen: Verborgen oder gefangen im Trieb- und Liebesproblem ist eine geistige, wissende Kraft des Instinktes, ein Geist der Natur. Gerade für diese Frau, die in bezug auf ihre natürlichen Seiten derart desorientiert und leidend war, ist das Tier ein wirklich überlegenes Wesen. Es ist unverfälschte Natur, jenseits von moralischer Bewertung, und dem eigenen Gesetz folgend. Nun wissen wir zudem, daß der Fuchs die Projektion des Geistes des Unbewußten trägt, eines Mercurius, der den Menschen zum opus verführt und gleichzeitig selber erlöst sein will. So mag für diese Frau gerade im Trieb- und Liebesproblem der Ausgangspunkt für ihre Individuation, für ihr opus liegen. Das Unbewußte mit seiner ganzen Tiefe erscheint ihr zuerst als eine widerwärtige Jauche, vielleicht voll Chaos, ungebändigten Trieben und dissoziierenden Tendenzen und manifestiert sich in ihren Liebesproblemen. Doch verbirgt sich gerade dort der göttliche Geist der Natur. Im Traum ist natürlich auffällig, daß die Frau noch ganz passiv bleibt. Eine bewußte Zuwendung zur prima materia hat noch nicht begonnen. Ich will dem Traum nun aber nicht weiter folgen, sondern zum Text zurückkehren.

Der Stein, der auf dem Mist gefunden wird und von den vier Elementen bestimmt ist, kann also als der tiefste Lebenskonflikt oder allgemein das Unerlöste im Menschen verstanden werden. Darin verbirgt sich das Selbst in uneigentlichen Hüllen. Es ist auch das unerlöste Göttliche, der innere Gott in der menschlichen Natur, der sich auf diese Weise manifestiert und der Auslöser und das Ziel der Individuation ist. Im Dreck wird er gefunden. Das denkt im Grunde genommen keiner. Wir streben gern nach der Sonne, nach dem Guten, Hellen, nach oben. Aber daß ein höchster Wert, ja selbst Göttliches im eigenen Schatten und in der nicht vergeistigten körperlichen Naturseite, die uns in Konflikt und Leiden verstrickt, verborgen liegt, das denken wir nicht so ohne weiters. Aber gerade daraufhin zielt das alchemistische Werk, verstanden als Individuation: auf eine Integration dieser Naturseite und eine Anerkennung oder ‹Erlösung› des Göttlichen, des Sinnes in ihr. In der coniunctio findet dieser Bereich Anschluß an die Persönlichkeit, und es entsteht eine Einswerdung im bisher zerrissenen Menschen. Sie ist zugleich das Finden eines ganzen Gottesbildes.

Anmerkungen

1 Artis Auriferae quam Chemiam vocant. Volumen secundum. Basilea 1610. Inzwischen habe ich ein älteres lateinisches Manuskript der Schrift aus dem 13. Jahrhundert gefunden und übersetzt. Gegenwärtig bearbeite ich dieses. Im Wortlaut weicht es leicht ab vom späteren Druck in der Artis. Zu den Manuskripten: LEE STAVENHAGEN: A Testament of Alchemy being the Revelations of Morienus, ancient Adept and Hermit of Jerusalem ... Hanover, New Hampshire, 1974.

2 FUAT SEZGIN: Geschichte des arabischen Schrifttums. Band IV. Leiden 1971, 110 und 120ff. und
MANFRED ULLMANN: Die Natur- und Geisteswissenschaften im Islam, Leiden 1972, 192.

3. FUAT SEZGIN: Geschichte arabischen Schrifttums, 120ff. und
JULIUS RUSKA: Arabische Alchemisten. Band I. Chalid ibn Jazid ibn Mu'awija. Wiesbaden 1977.

4 MARIE-LOUISE VON FRANZ: Traum und Tod. Was uns die Träume Sterbender sagen. München 1984, 157.

5 MARIE-LOUISE VON FRANZ: Alchemical Active Imagination. Dallas 1979, 2ff.

6 CARL GUSTAV JUNG: Theoretische Überlegungen zum Wesen des Psychischen. GW 8, Olten 1971, § 414.

7 CARL GUSTAV JUNG: Mysterium Coniunctionis. Untersuchung über die Trennung und Zusammensetzung der seelischen Gegensätze in der Alchemie. Erster Teil. Band X der Psychologischen Abhandlungen, herausgegeben von C. G. Jung. Zürich 1955, §§ 130–148 und
MARIE-LOUISE VON FRANZ: Alchemy. An Introduction to the Symbolism and the Psychology. Toronto 1980, 126ff.

8 C. G. Jung im Gespräch. Interviews, Reden, Begegnungen. Zürich 1986, 79f.

9 CARL GUSTAV JUNG: Aion. Untersuchungen zur Symbolgeschichte. Zürich 1951, 242 und 245.

10 MARIE-LOUISE VON FRANZ: Aurora Consurgens. Ein dem Thomas von Aquin zugeschriebenes Dokument der alchemistischen Gegensatzproblemtik. In: CARL GUSTAV JUNG: Mysterium Coniunctionis. GW 14, Ergänzungsband, Olten 1973, §§ 481f.

11 CARL GUSTAV JUNG: Praxis der Psychotherapie. Beiträge zum Problem der Psychotherapie und zur Psychologie der Übertragung. GW 16, Zürich 1958, § 523.

12 CARL GUSTAV JUNG: Psychologie und Alchemie. Zürich 1954, 372.

13 MARIE-LOUISE VON FRANZ: Alchemy, 137. Übersetzung von mir.

14 MARIE-LOUISE VON FRANZ: Alchemy, 106.

15 CARL GUSTAV JUNG: Symbolik des Geistes. Studien über psychische Phänomenologie. Zürich 1958, 74 Anm. 5.

Vortrag an einem interdisziplinären Gespräch der Stiftung für Jung'sche Psychologie in Küsnacht, 26. Juni 1986.

Eva Wertenschlag-Birkhäuser, Halen 30, CH-3037 Herrenschwanden.

Hansueli F. Etter

Der Einsiedler Meinrad vom Finstern Wald: Sein Lebensweg und sein Gottesbild

Die Lebensbeschreibung Meinrads

Incipit vita sive passio venerabilis Heremitae Meginrati (Es beginnt das Leben oder die Leidensgeschichte des ehrwürdigen Einsiedlers Meinrad).[1]

Zur Zeit Karls des Großen wurde Meinrad (germanisch Meginrat heißt ein des Ratens Mächtiger) auf dem alamannischen Hof Sulichi, wahrscheinlich zwischen Rottenburg und Tübingen am Neckar, geboren. Als Knabe brachte ihn sein Vater zum Studium ins Kloster Reichenau und empfahl ihn dem verwandten Mönch Erlebald. Dieser weckte die guten Anlagen des begabten Kindes und erzog es in Gottes Namen. Unter Abt Hatto wurde Meinrad mit 25 Jahren Diakon und bald danach zur Priesterwürde erhoben. Dieser Abt aber zog sich kurz danach als Eremit zurück und übergab die Leitung der Abtei seinem Mitbruder Erlebald, dem Erzieher Meinrads. Unter ihm legte Meinrad seine Profeß ab und nahm damit das Joch der Regel des heiligen Benedikt auf sich.

Sein Abt schickte ihn zu seiner Freude später als Lehrer ins Klösterchen Babinchowa, am oberen Zürichsee (bei Benken oder Oberbollingen). Dort entbrannte allmählich sein Wunsch, sich als Eremit an einen einsamen Ort zurückzuziehen, um sich ganz dem Zwiegespräch mit Gott hinzugeben. Auf Streifzügen kundschaftete er den Wald am Etzel aus und traf dabei eine gottesfürchtige, gastfreundliche Frau, der er sich anvertraute. Sie versprach, ihn in seinem Vorhaben nach Kräften zu unterstützen. Durch göttliche Einsprechung ermutigt, verließ er schließlich Klösterchen und Schule und baute sich eine einsame Klause auf dem Etzel.

Bald konnte er die vielen Besucher aber nicht mehr ertragen, und so floh er nach sieben Jahren tiefer in den Finstern Wald hinein, um dort ungestört mit Fasten und Beten seinem höchsten König zu leben. Fromme Männer und eine Äbtissin Heilwiga halfen ihm beim Bau seiner neuen Zelle. An diesem abgeschiedenen Ort wurde er durch schreckliche Anfechtungen geprüft. Einmal verdunkelte sich das Tageslicht vor der Menge der Dämonen, die ihn durch maßloses Grauen zu ermüden suchten. Mitten im eifrigsten Beten erschien ein Engel durch die Knechte der Finsternis hindurch und bannte diese endgültig. Ein andermal beobachtete ein Mitbruder aus seinem Klösterchen, der bei ihm zu Gast weilte, wie ein wunderbarer, etwa siebenjähriger Knabe von seltener Schönheit und in weißem Gewand mit Meinrad sprach und betete.

Mittlerweilen fanden sich wieder viele ratsuchende Frauen und Männer bei ihm ein, die ihn aber in seiner Abgeklärtheit nicht mehr stören konnten. Was die einen als Spende mitbrachten, gab er den andern als Almosen weiter. Im 26. Jahr seiner Einsamkeit im Finstern Wald suchten ihn zwei Männer – Richard, ein Alamann, und Peter, ein Rätier – auf, die ihn erschlagen und berauben wollten. Meinrad, der im Gebet seinen Tod vorausgeschaut hatte, empfing seine beiden Mörder freundlich. Die beiden Raben aber, die er großgezogen hatte, umflatterten die Mordbuben mit lautem Krächzen, daß der ganze Wald erhallte. Er übergab ihnen Kleider, Speise und Trank und bat sie, nach ihrem schaurigen Werk zu seinem Haupt und zu seinen Füßen je eine Kerze anzuzünden. Sogleich erschlugen sie ihn mit der Keule und würgten ihn zu Tode. Seine Zelle erfüllte sich nun mit großer Süßigkeit und Wohlgerüchen, und eine der beiden Kerzen entbrannte, bevor seine Mörder sie anzünden konnten. Die Raben aber umflatterten weiter die Köpfe der fliehenden Übeltäter und gaben so Kunde von deren Schandtat. Die Verbrecher wurden bald gefangen, und die Richter unter Graf Adalbert entschieden, die beiden lebendig zu verbrennen. Die brennenden Kerzen in Meinrads Zelle erfaßten zwar die Decke, die seinen Leichnam bedeckte, ließen diesen aber unversehrt.

Die Kunde von seinem Tode verbreitete sich rasch. Abt Waldharius und seine Mitbrüder trugen Meinrads Leib aus dem Finstern Wald ins Kloster Reichenau und betteten ihn dort mit allen Ehren zur Erde. Meinrads Tod erfolgte am 21. Januar 861, als König Ludwig im 18. Jahr seiner Regierung im östlichen Franken stand.

Unser Text basiert auf der ältesten Lebensbeschreibung Meinrads, der ‹Vita sive passio venerabilis Heremitae Meginrati›. Sie ist durch einen Mitbruder des Heiligen aus dem Kloster Reichenau wohl wenige

Jahre oder Jahrzehnte nach dessen gewaltsamem Tod niedergeschrieben worden und uns in mehreren Abschriften erhalten geblieben. Die Urschrift aber ist verlorengegangen, die älteste Abschrift wird in der Stiftsbibliothek in St. Gallen aufbewahrt und datiert aus dem ersten Drittel des 10. Jahrhunderts.[2] Die Stiftsbibliothek von Einsiedeln besitzt eine spätere Abschrift aus dem 12. Jahrhundert. Zudem wird sein Tod in verschiedenen Annalen (Jahrbüchern) und Chroniken, auch aus dem Kloster Einsiedeln, erwähnt.[3] In einem Mortuar (Totenbuch) aus dem Kloster Reichenau – heute im Besitz der Zentralbibliothek in Zürich – las man nach sorgfältigen Untersuchungen an einem ausradierten Text folgenden Satz: «Meginrat presbyter eremita occisus est» (Der Priester und Eremit Meinrad ist getötet worden).[4]

Die älteste Lebensbeschreibung beschränkt sich ohne Ausschmükkungen auf das Wesentliche aus dem Leben des Heiligen, wie das im Hohen Mittelalter üblich war. Im Vordergrund stehen die historischen Tatsachen, aber auch die Erbauung des Lesers.

Eine eigentliche Heiligenlegende entstand erst 1378 aus der Feder des – so wird vermutet – Dominikanerfraters aus Freiburg im Breisgau, Georg von Gengenbach, der, einem spätmittelalterlichen Bedürfnis nachkommend, die Lebensgeschichte Meinrads mit historisch nicht gesicherten Zutaten ausfabulierte.[5] Das Stiftsarchiv in Einsiedeln besitzt davon die älteste Niederschrift.

Diese Gengenbachlegende war Vorbild der seit der zweiten Hälfte des 15. Jahrhunderts erscheinenden, gedruckten Meinradlegenden. Zu diesen gehört in erster Linie das sogenannte Blockbuch, das durch einen unbekannten Autor vermutlich in Basel um 1450/60 entstanden ist und in 52, mit knappen Erläuterungen versehenen Bildfolgen das Leben des Heiligen eindrücklich vor Augen führt.[6]

Bilder und Texte sind aus Holzblöcken geschnitzt, daher der Name Blockbuch. Eines der beiden auf den heutigen Tag überkommenen Exemplare befindet sich im Stiftsarchiv in Einsiedeln. Um 1520 tauchte eine in gotischer Schrift abgefaßte Meinradlegende in deutscher Sprache mit 31 Federzeichnungen auf, die inhaltlich auch der Gengenbachlegende folgt.[7]

Als Fortsetzung dieser Meinradlegenden erschienen ab 1654 die Einsiedler Chroniken, die sich aber bis zum Ende des 18. Jahrhunderts und bis ins 19. Jahrhundert hinein an die Gengenbachlegende anlehnten.[8] Neue historische Gesichtspunkte sind inzwischen keine mehr erschlossen worden.

Zur 1000-Jahr-Feier von Meinrads Tod am 21. Januar 1861 wurde eine Gedenkschrift mit seiner Legende gedruckt, eine Gedenkmünze geprägt und Meinrads Reliquie genau beschrieben und neu gefaßt.[9] 1984 hatte ich Gelegenheit, die Kopfreliquie mit anthropologischen Methoden auf ihre Echtheit hin zu untersuchen. Daraufhin gab das Kloster von Einsiedeln ein Buch in Auftrag, daß die Untersuchung, aber auch die jüngste Wandlung der Reliquie beschreibt.[10]

Das aktuelle Geschehen um den heiligen Meinrad steht in einer natürlichen Fortsetzung der Geschichte seiner Verehrung. Im Grunde genommen verfolgen die erste Lebensbeschreibung und die daraus hervorgegangenen Legendenvarianten, das Blockbuch und die späteren Chroniken, aber auch die 1861 entstandene sowie die 1984 mit wissenschaftlichen Methoden des 20. Jahrhunderts durchgeführte Untersuchung alle das eine Ziel: Das herausragende Leben des frühmittelalterlichen Mönches Meinrad in der äußeren Wirklichkeit zu bestätigen, glaubhaft zu machen. Dabei spiegelt die Art der ‹Beweisführung› lediglich den Zeitgeist. Im aufgeklärten 19. und 20. Jahrhundert sind sowohl die Aufnahme der ‹Indizien› als auch das Beweisverfahren entsprechend rationaler und faktisch überzeugender.

Was steht jedoch hinter diesem zeitlosen Verlangen nach Gewißheit über das wunderbare Leben Meinrads? Wohl kaum seine belanglosen Lebensdaten – vielmehr aber die innere Wirklichkeit seines beispielhaften Lebens. Dabei sind den späteren Legenden intuitiv, aber um so treffender Einzelheiten hinzufabuliert worden, die den ewig gültigen archetypischen Hintergrund dieses Lebens klarer hervortreten lassen.

Die Deutung der Legende

Meinrads familiäre Herkunft bleibt unbekannt. Ein Zusammenhang mit dem Hause Hohenzollern ist spätere Spekulation.[11] Doch wird in der Vita das genannt, was zum Verständnis seines kulturellen Umfeldes wichtig ist: Er kommt um 800 im süddeutschen Raum zur Welt, als Sohn alamannischer Eltern, die sich mehr durch sittlichen Adel als durch vergängliche Güter auszeichnen.

Damit entstammt Meinrad einer germanisch-heidnischen Bevölkerung, die seit dem 3./4. Jahrhundert zuerst durch kriegerische Über- und Einfälle, später, ab dem 5. Jahrhundert – im Zuge des allmählichen Verfalls des römischen Staatswesens – durch friedliche Landnahme von Norden bis an den Alpenrand vorgedrungen sind. Im 7. Jahrhundert und bis ins 8. Jahrhundert hinein blieben diese Alamannen anfänglich in alleinstehenden Familiengehöften in respektvollem Abstand von den alten kelto-romanischen Machtzentren, bald aber lebten sie mit und neben der ansässigen Bevölkerung. Gegen das Ende des 7. Jahrhunderts setzte dort, wo keine christlichen Zentren die religiöse Tradition weitergeführt hatten, eine langsame, unter anderem durch irische Mönche mitgebrachte Christianisierung der vorwiegend bäuerlichen Bevölkerung ein.[12]

Um 700 verliert sich die in alamannischen Gräberfeldern nämlich stets zu beobachtende Sitte der Beigabe für Männer und Frauen, wobei selbst nach 700 noch da und dort eine einfache Gürtelschnalle, ein Beimesser, ein Schlüssel, ein Kamm oder gar ein Lederbeutel mit Münzen den wohl vor kurzem christianisierten Heiden mit ins Grab gelegt worden ist.[13] Dieser alte Brauch verschwindet selbst in christlich orientierten, das heißt, geosteten Gräbern[14] in der unmittelbaren Nähe oder gar innerhalb von Kirchen nicht.[15] Daneben können christlich bestattete Kinder und Jugendliche noch um 700 den ganzen Beigabenreichtum heidnisch-alamannischer Grabausstattungen aufweisen.[16] Erst im 8. Jahrhundert setzt sich die Beigabenlosigkeit allmählich – auch bei Kindern – durch, wobei abgelegene, ländliche Gebiete hierin naturgemäß etwas nachziehen.[17]

Die nordeuropäische Kultur entwickelte sich im Verlauf des ersten nachchristlichen Jahrtausends aus einem einst ausgewogenen männlich-weiblichen Gleichgewicht immer mehr zu einem patriarchalen Übergewicht. Dies läßt sich zum Beispiel darin ablesen, daß bei den Germanen der alten Erdgöttin Freja zuerst ein männlicher Aspekt in

Frejr zur Seite gestellt wurde, der später zum eigentlichen Erdgott wurde. Der germanischen Mythologie aber unterliegt der keltische Geist mit den heiligen Steinen, den heiligen Quellen, den Hainen, in denen die Götter verehrt wurden, sowie den Druiden, die um die Geheimnisse der Natur wußten. In dieser keltischen Welt dominierte die Mutter Natur, was sich im keltischen Pantheon zum Beispiel in der weltenbildenden Anführerin Birgit spiegelte.

Um 800 geboren, gehört Meinrad mithin zu einer nicht auffallend begüterten, höchstens seit wenigen Generationen christianisierten ländlichen Bevölkerung, die in einer jahrtausendealten germanisch-keltischen Tradition wurzelte. Ihre zutiefst heidnischen Seelen waren erst seit kurzem, das heißt, seit ein paar Jahrzehnten, überzogen von einer noch dünnen und brüchigen christlichen Haut.[18]

Die Vita verweist ausdrücklich auf den sittlichen Adel von Meinrads Eltern, die ihn später ins Kloster Reichenau zur Erziehung schickten. Beide Umstände deuten darauf hin, daß Meinrad seine ersten Lebensjahre in einer besonders christlich-tugendhaften Familie verbrachte. Die später hinzufabulierte Einzelheit, wonach Meinrads Eltern bereits in den Jahren und bislang kinderlos geblieben waren und von Gott in ihrer Bitte um ein Kind mit der Geburt Meinrads erhört wurden, deutet aber darauf hin, daß diese abrupte, häufig auch erzwungene und künstliche Verbindung zwischen Christentum und Heidentum sich nun fruchtbar weiterentwickeln sollte: Es war Gottes Wille gewesen, diese Verbindung fruchtbar zu machen. Das Leben aber, das daraus entstand, mußte mühsam eigene verbindende Wege neu suchen. Dies war Meinrads Schicksal.

Der kindliche Meinrad ist daher als früher Repräsentant jener werdenden kollektiven seelischen Situation aufzufassen, in der sich das tiefwurzelnde, polytheistische, kelto-germanische Pantheon mit dem monotheistischen, trinitarischen Gottesbild des Christentums zu verbinden begann.

Als Knabe wird Meinrad von seinem Vater ins Kloster Reichenau gebracht und dort dem Mönch und späteren Abt Erlebald zur Erziehung übergeben. Dieser aus angesehenem Geschlecht stammende Mann ist mit Meinrad verwandt. Er steht schon damals in führender Stellung im Kloster.[19]

Das Kloster auf der Insel Reichenau wurde zur Zeit Karl Martells um das Jahr 724 durch den heiligen Pirmin[20] gegründet. Dieser Wanderapostel kam aus dem westgotischen Reich – wohl auf der Flucht vor den Sarazenen. Er schuf, neben einer Reihe von Klöstern, ein Missionsbüchlein, die ‹Dicta Pirminii›, als Leitfaden für diejenigen, die «heidnische Restbestände in Glauben und Brauchtum bei einem getauften Volk zu überwinden» hatten.[21] Das Klösterchen entwickelte sich bald kraftvoll, so daß schon um 800 von einer Blütezeit in der Reichenau gesprochen werden kann.

Der damalige Abt Waldo (786–806) erzog Pippin, den Sohn Karls des Großen, den späteren König der Langobarden. Auf Empfehlung Kaiser Karls erhob Papst Hadrian I. den Abt zum Bischof von Pavia, und 806 wurde er zum Abt von St. Denis erwählt, dem damals bedeutendsten Kloster in Frankreich.[22] Kaiser Karl der Große soll sogar eine Schale mit dem heiligen Blut Christi aus Palästina nach Europa gebracht haben, wovon ein Teil an das Kloster Reichenau kam.[23]

Der Nachfolger Waldos auf der Reichenau war Abt Hatto (oder Haito), von dem geschrieben wurde, daß er stets hilfreich, rechtschaffen, liebevoll, gerecht im Urteil, scharfsinnig, ein Vorbild im Wandel, von erstaunlicher Schaffenskraft, um Friede und Gerechtigkeit besorgt und getreu im Auftrag des Kaisers gewesen sei.[24] Damit war er ein Vorbild an christlichem Lebenswandel, das bis in die heutige Zeit nichts an Gültigkeit eingebüßt hat. Er wurde auch als Zeuge für die Testamentserklärung Kaiser Karls des Großen berufen, und er führte 811 eine stattliche Gesandtschaft – unter ihnen auch Erlebald, seinen Nachfolger auf der Reichenau – nach Konstantinopel. Er vollendete 816 den Bau der Klosterkirche, die der Mutter Gottes geweiht war und deren Altar der Bruder der Kaiserin Hildegard gestiftet hatte. Abt Hatto war bei der Reichssynode in Aachen unter Kaiser Ludwig dem Frommen zugegen, und er hat die 27 Kapitel der Klosterreform Benedikts von Aniane auf die Reichenau zurückgebracht und sie dort zu selbständigen Statuten weiterverarbeitet. Im Winter 822/23 erkrankte Hatto und zog sich in der Folge in eine Eremitenzelle in der Nähe seines Klosters zurück.[25]

Hattos Nachfolger und Verwandter von Meinrad, Erlebald, war ein tatkräftiger und strenger Förderer von Hattos eingeführter Reform. Er kam um 790 als 17jähriger ins Kloster und wurde später an die Pfalzschule in Aachen geschickt. Er setzte das begonnene Reformwerk nüchtern und konsequent fort und reorganisierte auch die Klosterschule, in der Meinrad – unter anderem als Mitschüler des nachmaligen berühmten Abtes vom Kloster St. Gallen, Grimalt – lernte und später auch lehrte.[26]

Wenn die ersten Lebensjahre Meinrads kollektiv als das junge, noch stark von heidnischen Traditionen durchwobene Christentum der einfachen Leute aufzufassen ist, so ändert sich mit seinem Eintritt ins Kloster die Situation durchgreifend. Mit den vielschichtigen Beziehungen nach Aachen an den Kaiserhof war das neben Fulda wohl berühmteste Kloster im deutschsprachigen Raum mit tonangebend in bezug auf die Auslegung der Bibel und die Durchsetzung christlicher Glaubenssätze. Somit wurde der Knabe Meinrad dort erzogen und gelehrt, wo die christliche Glaubenslehre in Übereinstimmung mit dem Vatikan ausgelegt, festgelegt und als allgemein verbindlich verkündet wurde. Dahinter stand die kaiserliche Autorität, unter deren Schutz und mit deren Hilfe das Kloster lebte und wirkte. Die erwähnten Reformen nach 800 unterstreichen denn auch die Entwicklung im geistlichen Bereich. Meinrad schließt sich damit an das Zentrum an, wo sich das kollektive christliche Bewußtsein entwickelte, wo das ‹offizielle› Christentum gelehrt wurde und von wo aus es nördlich der Alpen Verbreitung fand. Dieses ‹offizielle› Christentum war um 800 aber nicht mehr die geheime und verbotene Religion der Habenichtse und Leibeigenen wie zur Frühzeit des Römischen Reiches. Im Gegenteil, jetzt wurde sie die Lehre der Mächtigen und Reichen, die sie mit ihren Mitteln teilweise kompromißlos durchsetzten und sie für ihre Zwecke einsetzten.

Die frühmittelalterliche Kirche war von einem zunehmend patriarchalen Geist beherrscht. Dieses männliche Weltbild wurde Meinrad vermittelt, nachdem er in die Klosterschule eingetreten war. Seine Mutter bleibt in der Vita unerwähnt. Sein Vater bittet Gott laut späterer Legendenvariante um ein Kind, und er bringt Meinrad ins Kloster. Dort kommt dieser in die gestrengen Hände der Lehrer und Äbte, die ihr eigenes männliches Gottesbild in seiner kindlichen Seele formen. Ein nur männliches Gottesbild aber schließt, zusammen mit der weiblichen Seite, auch die Materie, die Natur und das Dunkle aus.

Die frühchristliche Kultur wurzelt in zwei geistigen Nährböden. Der eine war die griechisch-römische Welt. «Dort hatten sich die einwandernden indogermanischen Stämme mit einer rein patriarchalen Weltordnung über eine vorgehende Kulturschicht gelagert, welche mehr matriarchale Züge trug. Im alten Griechenland kam es zwar zu einer

Verbindung der beiden Welten, welche aber immer Spannung blieb, bildhaft ausgedrückt in der unharmonischen, konfliktreichen Ehe von Zeus und Hera. Im alten Rom sehen wir etwas Ähnliches: Im Aufblühen des Isiskultes in der Spätzeit kam dort das mütterliche Prinzip zu seiner größeren Anerkennung, vereinigte sich aber nie mit dem patriarchalen Prinzip der römischen Staatsreligion».[27]

Die andere Wurzel der christlichen Kultur erstreckt sich ins Judentum. «Auch dort hatten rein patriarchal orientierte Stämme die kanaanitische Welt mit ihrem Kult von Muttergöttinnen überlagert, aber dort kam es kaum je zu einer völligen Vereinigung. Tehom-Tiamat und die großen kanaanitischen Liebesgöttinnen bis zur ‹Hure von Babylon› blieben das verworfene Gegenprinzip zum Gott Jahwe».[28]

Deshalb machten sich zu diesem patriarchalen Gottesbild schon früh kompensierende Strömungen bemerkbar, bei den Juden zuerst deutlich faßbar in der Gestalt der Weisheit.[29] Diese Figur ist ein weibliches Numen der Metropolis, eine Mutter-Geliebte wie die babylonische Ischtar. Ihre Baumgestalt erinnert an die zahlreichen anderen semitischen Liebes- und Muttergöttinnen. Auch in der Weisheit Salomonis tritt diese weibliche Gestalt auf, als ein weltbildnerisches Pneuma, menschenfreundlich, ein vernunftvoller Heiliger Geist, der in vertrautem Verkehr mit Gott selber steht und wie ein Abglanz seines ewigen Lichtes alle Dinge durchzieht.[30]

In der frühen Gnosis stellte man sich den Heiligen Geist, der in Gestalt einer Taube erschien, als Sophia, Sapientia oder Weisheit und als die Mutter Christi vor. Sie hatte als Vermittlerin und Himmelsbraut nach ihrer Assumption die Stelle der göttlichen Sophia inne.[31]

Ähnliche kompensatorische Strömungen sind auch im Kloster Reichenau schon früh festzustellen, indem die Klosterkirche 816 einen Marienaltar erhält, der vom Bruder der Kaiserin Hildegard gestiftet worden ist. Zwar wird er von einem Mann gestiftet, dahinter aber steht die Kaiserin. In einer späteren Legendenvariante wird hinzufabuliert, daß Meinrads Familie mütterlicherseits mit dem Hause Hohenzollern verwandt gewesen sei.[32] Auch hier schimmert durch, daß Meinrad über das weibliche Prinzip in seiner Seele mit einem inneren Zentrum, dem Selbst, in Verbindung steht.

Das Leiden Meinrads am einseitigen männlichen Gottesbild seiner Zeit, das ihm als begabtem Klosterschüler, Priester und Benediktinermönch vermittelt wurde und das er später selber seinen Schülern weitergab, wurde für sein späteres Leben wegweisend und gab ihm seine innere Kraft. Mitten in seinem erfolgversprechenden Klosterleben, das ihm eine steile Karriere versprach, trat von innen her der Wunsch nach mehr Ruhe, mehr kontemplativem Leben, mehr Zeit zur inneren Einkehr machtvoll an ihn heran. Sein geheimer Wunsch nach Abkehr vom expansiven, dynamischen, männlichen Geist im Kloster fiel synchronistischerweise zusammen, wie uns die Gengenbachlegende erzählt, mit einem Schreiben aus Babinchowa, einem kleinen Filialklösterchen am oberen Zürichsee, wo die Bevölkerung zum Teil deutsch, zum Teil romanisch sprach. Diese kleine Mönchsgemeinschaft suchte einen jungen Lehrer.

An die Nahtstelle des germanischen und romanischen Kulturkreises, aber in Distanz zum kollektiven Bewußtsein seiner Zeit – zum Mutterkloster und zum Kaiserhof – zu einem naturnäheren, unbewußteren Bereich seiner Seele führte ihn sein Schicksal scheinbar zufällig, doch höchst sinnvoll, eben synchronistisch. Es stellte ihn gewissermaßen an jenen Ort zurück, wo der germanische, der romanische und der frühmittelalterlich-christliche Geist noch verwoben mit einer ursprünglichen Naturverbundenheit weiterlebten.

Aber dieser Ort war nur ein erster Zwischenhalt auf seinem Lebensweg. Meinrad projizierte seine inneren, noch ungelebten Möglichkeiten auf den gegenüberliegenden Wald am Etzel. Kurze Ausflüge dorthin, aber auch mehrtägige Wanderungen lassen in ihm den Wunsch entstehen, sich dort in einer Klause ganz allein dem Gespräch mit seinem Gott hinzugeben.

Während Meinrad den Wald auskundschaftet, fangen seine jungen Begleiter aus dem Klösterchen Fische, wie uns Gengenbach erzählt. Auf einem dieser Streifzüge trifft er auf eine gottesfürchtige Witwe, der er sich anvertraut. Sie verspricht ihm zu helfen, besonders auch, ihn zu ernähren. Bei ihr braten und essen sie die Fische.

Mit der Erlaubnis seines Abtes baut Meinrad auf dem Übergang am Etzel seine Klause und bleibt dort sieben Jahre bis zu seinem

---

«Hier bringt die Witwe sankt Meinrad zu essen in den Wald um Gottes willen. Und das währte ein ganzes Jahr, daß er da war und Gott diente mit strengem Leben.»

Hie bringt die witwe sāt meinrat
ze essē ī dē wald durch got vñ das ·
weret ein gantz iar dz er da was ·
vñ got diente mit strengē lebē · :

38. Lebensjahr, obwohl der Regelvater Benedikt kein Eremitentum vorsah. Im achten Jahr entschließt sich Meinrad, noch tiefer in den Finstern Wald einzudringen, dorthin zu Füßen der Mythen, wo er bis zu seinem Lebensende bleiben wird.

Schon einmal überquerte Meinrad das Wasser: Zuerst den Untersee, beziehungsweise den Rhein, als er von der Reichenau wegzog, jetzt den Obersee zum Etzel hinüber, als er Babinchowa verließ. Damit begibt er sich an neue Ufer. Auf der Reise nach Innen hatte er kollektive Grenzen zu überschreiten. Zögernd, schrittweise und in Etappen legte Meinrad seinen Weg zurück. Er entfernte sich immer weiter vom Zeitgeist, indem er sich dem eigenen Weg entlang tastete. Das mehrmalige Auskundschaften des Waldes am Etzel zeigt uns seine Ängste, seine Unsicherheit, den eigenen Weg zu gehen.

Im Wald hoffte er seine innere Bestimmung zu finden. Einerseits gilt der Wald als unbekannte, dunkle und gefährliche Natur. Dort wohnen die Hexen und Dämonen, die Frau Trude der deutschen oder die Baba-Yagà der russischen Märchen. Wilde Tiere wie Wölfe und Bären, giftige Pilze und Beeren, aber auch die hoffnungslose Verirrung sind dort allgegenwärtige Gefahren. Andererseits bietet der Wald Schutz, Nahrung, Holz zum Feuern, gesunde Luft, Ruhe und Erholung. Hier leben auch die Feen und Elfen.

Beide Aspekte sind Teile der großen Mutter Natur: Zerstörung und Tod einerseits, Geburt und Leben andererseits. Diesbezüglich ist der Wald ein treffliches Symbol für das Unbewußte schlechthin. Auf seinem Weg in die Tiefe des Finstern Waldes dringt Meinrad also immer weiter in sein Unbewußtes, auch in das kollektive Unbewußte vor.[33]

Dabei hilft ihm eine Frau, ein mütterlicher Aspekt, die aber verwitwet ist, das heißt, vom männlichen Geist der Zeit getrennt lebt. In sich selber stößt Meinrad auf eine autonome weibliche Seite, die ihn seelisch ernährt, ihm Kraft und Mut verleiht, seinen unbewußten Impulsen immer mehr zu vertrauen und ihnen zu folgen.

Am Etzel fangen seine, bei der Witwe zurückgelassenen, jungen Klosterbrüder Fische, die sie nach Meinrads Rückkehr mit der Frau zubereiten und verzehren, erzählt uns Gengenbach. «Der Fisch, der in der dunklen Wassertiefe lebt, veranschaulicht oft einen Inhalt des Unbewußten, welcher unter der Schwelle des Bewußtseins weilt und in welchem triebhafte und geistige Aspekte noch ungeschieden beisammen sind. Darum ist der Fisch inspirierend, ein Bringer der Weisheit und zugleich ein hilfreiches Tier – Erkenntnis und rettender instinktiver Impuls zugleich...», der das Bewußtsein bedrängt, aber auch ernährt und bereichert.[34] Gleichzeitig ist aber die besondere Belebung des Fischsymbols im Frühchristentum wohl nicht ohne synchronistische Beziehung zum Beginn des astrologischen Fischezeitalters. Der Fisch tauchte damals aus der Tiefe des Unbewußten auf und wurde mit der Gestalt Christi assoziiert.[35]

Wenn Meinrads Mitbrüder Fische fangen, so bedeutet dies, daß über seine assimilierten Schattenaspekte zunächst unbewußte Auffassungen, Ansichten, Gefühle und Impulse durch sein Hinuntersteigen ins Unbewußte allmählich über die Bewußtseinsschwelle treten. Deshalb kann er sich – und der Witwe – seine geheimsten Wünsche eingestehen. Das gemeinsame Essen der Fische heißt, daß er diese aus dem Unbewußten aufgetauchten Inhalte integrieren, seiner bewußten Haltung verträglich einverleiben und sie schließlich akzeptieren kann.

Der Etzel steht dabei auch topografisch als Nahtstelle zwischen äußerem Erfolg oder innerem Weg. Wenn er dort in seiner Klause nach Osten betet – der mittelalterliche Christ orientiert sich zur aufgehenden Sonne hin –, so liegt links von ihm, was er hinter sich lassen will, nämlich die zivilisierte Welt mit ihren überkommenen, veräußerlichten und einseitigen Wertvorstellungen, die er aber mit einer Kopfdrehung gut sehen kann, und rechts von ihm seine Zukunft, sein Weg nach innen ins Unbewußte, zu seinem Gottesbild. Die vielen Besucher vom Ufer des Zürichsees erzählen, locken noch von jener Welt. Deshalb flieht er mutig tiefer hinein und setzt damit konsequent den für sich als richtig erkannten Weg fort – ein Weg, der tiefer in die Natur, auch in die eigene Seele, hineinführt. Meinrad flieht nicht blind übereilt, sondern schreitet langsam, stufenweise, mutig und aus innerer Kraft voran. Die Klause im Finstern Wald wird zu seinem vierten und letzten Zuhause, zu dem Ort, wo er seine eigene Entwicklung vollendet und sein irdisches Leben bescheiden in Gottes Hände legt.

Die vielen Besucher sind Persönlichkeitsaspekte Meinrads, die noch seiner alten, bewußten Einstellung angehören, die er auf der Reichenau und bereits weniger in Babinchowa gelebt hat. Diese Erinnerungen an sein angepaßtes Leben verwirren und beunruhigen ihn. Ihnen sucht er zu entfliehen, indem er sich noch tiefer in das Unbewußte vorwagt, das heißt in den Finstern Wald flieht.

Sein Wunsch nach einem Einsiedlerleben drückt seine Sehnsucht nach einer individuellen religiösen Urerfahrung aus, die er im klösterlichen Leben vermissen mußte. Sie bedeutet seine innere Ablösung von den bewußten Kollektivtendenzen im damaligen Christentum. Dieses Alleinsein mit dem eigenen Innern und den von ihm vermittelten Erfahrungen kommt einer gewollten Introversion gleich, um sich damit dem einseitigen Einfluß des christlichen Zeitgeistes entziehen zu können.

Nach sieben Jahren auf dem Etzel, mit 38 Jahren, wie uns Gengenbach erzählt, zieht Meinrad an den Fuß der Mythen, wo sich sein Leben und sein Mythos vollenden soll. Er steht damit in der Lebensmitte, in der oft eine Umkehr stattfindet. Die zweite Lebenshälfte fordert die Hinwendung nach innen, zum Unbewußten, und meint die Introversion und zwingt manchen schmerzhaft zur inneren *und* äußeren Umkehr. Wenn die erste Lebenshälfte der Verankerung im Alltag, der Sicherung der Existenz, der Anpassung ans Kollektive der Zeit und normalerweise der Gründung einer Familie und der Fürsorge für die Kinder dient, so werden diese Ziele nach der Lebensmitte meistens hohl und leer. Wer sich nicht ändern kann, wird psychisch verholzt und rigid und bleibt stereotyp an seinen Jugenderinnerungen kleben. In der zweiten Lebenshälfte warten die großen Lebensfragen auf eine neue Antwort, und es steht die geistige Auseinandersetzung mit ihnen im Vordergrund.[36]

Meinrad hat nicht nur seine extravertierte Einstellung, die ihm als Lehrer zugute kommt, zu opfern, sondern er muß sich auch von seiner Hauptfunktion abkehren. Seine besondere Begabung als Schüler und später als Lehrer im Kloster Reichenau weist ihn als Denk- oder Empfindungstyp aus. Als ratgebender Waldbruder in der Einsamkeit stehen aber hauptsächlich sein Gefühl und seine Intuition im Vordergrund.[37]

Wie Jung nachgewiesen hat, mußte zum Beispiel auch Origenes seine Extraversion, seine Beziehung zur Außenwelt, opfern, um den Reichtum des gnostischen Denkens gewinnen zu können, als er sich zum Christentum bekehrte.[38] Und Tertullian opferte seinen Intellekt und gewann dadurch die Tiefe seiner Gefühle, durch die er zu seiner berühmten paradoxen Auffassung von Christus kam.[39] Auch Augustinus war, wie Tertullian, ein Denktyp mit einer minderwertigen Fühlfunktion, was sich in seinem zügellosen, unbezogenen Leben in jungen Jahren spiegelte. Sein echtes Gefühl war noch im Dunkeln und an seine Mutter gebunden, bis es mit einem heftigen Durchbruch herauskam, und er sich Christus und der Kirche zuwandte.[40]

In gleicher Weise bedeutet Meinrads Weg in den Finstern Wald eine fundamentale psychische Wandlung, indem er seine psychische Hauptfunktion opfern muß, um zu seinen tiefen Gefühlen und zu seinem inneren Reichtum Zugang finden zu können. Im wirklichen Leben geht diese Abkehr von den psychischen Hauptfunktionen um die Lebensmitte oft mit dem Verlust oder dem Schal- und Leerwerden von Beziehungen – auch von Partnerschaften und Freundschaften – einher. Dies kann vorübergehend zu einer gewissen Vereinsamung führen, denn den eigenen Weg gehen heißt immer auch, ihn allein gehen zu müssen.

Im Zusammenhang damit steht der Umstand, daß Meinrad nach sieben Jahren weiterzieht, im achten Jahr also seine endgültige Klause aufschlägt. Acht steht als Verdoppelung von Vier als Zahl der ruhenden Ganzheit und Vollendung und meint die innere und äußere Harmonie. Oft liegt den östlichen und westlichen Mandalas die Achtzahl zugrunde, wo sie als Zahl der göttlichen Vollkommenheit erscheint.[41] Meinrad geht im achten Jahr seines Einsiedlerlebens seiner Ganzwerdung entgegen, indem er am neuen Ort im Finstern Wald durch sein beispielhaftes äußeres Leben und seine innere Reifung seinen Individuationsweg vollendet.

Als der Leichnam von Meinrad auf dem Rückweg ins Kloster Reichenau an seiner Kapelle am Etzel vorbeigeführt werden soll, wird die Last des toten Körpers so groß, daß die Ochsen den Wagen nicht weiterzuziehen vermögen. Erst nachdem Meinrads Herz in seiner ersten Klause beigesetzt wird, kann die Reise fortgesetzt werden. Hier hat Meinrad sein ganzes Herz hingegeben, weshalb dieses hier bleiben muß. Hier vollzieht sich sein unumstößlicher Gefühlsentscheid für seinen einsamen Lebensweg, und hier faßt er den Mut, ihn auch zu Ende zu gehen.[42]

Nach der Legende von Gengenbach findet Meinrad auf seinem Weg durch den Finstern Wald in einem Nest zwei junge Raben, die von einem Habicht bedroht werden. Er nimmt sie zu sich und zieht sie groß.

Auch Odin[43] besaß zwei Raben – Hugin und Munin, Gedanken und Gedächtnis –, die jeden Tag in die weite Welt flogen, um ihm, auf den

Schultern sitzend, vom Geschehen im Universum zu berichten. JUNG deutet die Zweiheit der Vögel als chthonischen und pneumatischen Aspekt der Natur, zwar lebendig und geeint, aber als Konflikt der Gegensätze noch keineswegs zur Ruhe gekommen.[44] Da Vögel allgemein häufig mit geistigen Einfällen und Phantasien zu tun haben, sind die Raben wohl als zwei archetypische Aspekte der Natur zu deuten, die in Meinrad als junge und unbewußte Phantasien auftauchen. Gegenüber seiner bewußten Gottesvorstellung sind diese Phantasien dunkel, weil sie im Begriff sind, aus dem Unbewußten kompensatorisch zum offiziellen Gottesbild aufzusteigen. Daß er die jungen Raben schützt und aufzieht, zeigt, daß er seine Phantasien geduldig annimmt und sie weiter zu entwickeln sucht. Der Habicht, dem Adler verwandt, stellt als Sonnentier die bewußten Gedanken dar, die seine dunklen Phantasien bedrohen und vernichten wollen.

In alchemistischen Traktaten wird der Rabe als Synonym des Teufels, als die dunkle Seite Gottes oder als dessen Inkarnation, als Sünder angeführt.[45] In der christlichen Tradition erfahren die Raben aber eine ambivalente Wertung. Nach der Sintflut schickte Noah einen Raben aus, der aber über dem aufgefundenen Fressen vergaß zurückzufliegen. Erst die später ausgeschickte Taube brachte als Zeichen für Land einen Ölzweig zurück. Deshalb galt im Mittelalter der Rabe als ein Teufelsbote, wogegen die Taube als Zeichen des Heiligen Geistes angesehen wurde. Andererseits brachte ein Rabe vom Himmel dem heiligen Johannes von Patmos Nahrung in seine Einsiedelei. Dasselbe wiederfuhr Elias. Die mittelalterlichen Kirchenväter hatten Mühe, diese zwei Aspekte des Raben in einem Bild zu einen. Schließlich kamen sie zum Schluß, daß die Raben die tiefen, dunklen und inoffiziellen Gedanken über Gott repräsentieren.[46]

Die freiwillige Isolation im Finstern Wald, der sich Meinrad aussetzte, führte, wie jeder lang andauernde Introversionszustand, zu einer starken Belebung unbewußter Inhalte. Diese können entweder eine akute Besessenheit oder aber eine ununterbrochene lange Faszination hervorrufen. Denn archetypische Inhalte können ebenso negativ wie positiv, verblendend wie schöpferisch wirken.[47] Deshalb sind tiefgreifende Gedanken und Phantasien sowohl dem dunklen, zerstörerischen wie dem aufbauenden, lichten Prinzip nahe, weil diese zwei Seiten eines Archetypus noch nicht durch das Bewußtsein geschieden worden sind. Somit stellen die zwei Raben eben jene beiden Möglichkeiten dar, die durch die allmähliche Bewußtwerdung seiner tiefen, dunklen Ideen zum neuen Gottesbild manifest werden: Besessenheit und Verblendung durch das Böse, oder innere Realisierung der bis anhin unbekannten und folglich im kollektiven Bewußtsein als dunkel bewerteten Seite Gottes.

Daß sich Meinrad diesem Problem stellen mußte, wird uns schon in seiner Vita erzählt. Er wurde nämlich in seiner Einsamkeit von so schrecklichen Anfechtungen geprüft, daß sich einmal vor der Menge der Dämonen gar das Tageslicht verdunkelte. Mitten im eifrigsten Beten aber erschien ein Engel Gottes und bannte die Finsternis endgültig. Damit entging Meinrad für immer diesen dunklen Mächten der Besessenheit und der Verblendung. Was ihn rettete, war seine Unterwerfung des ich-haften Standpunktes und seine Demut, der Verzicht auf jeden Machtanspruch des Ichs im Sinn von Ich-will-etwas-dagegenmachen, die letztliche Anerkennung der Schwachheit und der Beschränktheit seines bewußten Standpunktes – ohne aber diesen aufzugeben. Er hielt unter Aufbietung aller seiner Kräfte sein Leiden aus und konnte somit den Anfechtungen widerstehen. Die Verdunkelung des Tageslichtes entspricht der Verdunkelung des Bewußtseins und meint einen depressiven Zustand. Mit Glaube und Demut, Unterwerfung und Standhaftigkeit versuchte er das Leiden auszuhalten – und wurde gerettet.

In seiner Waldeinsamkeit, verborgen vor den Menschen und im Einklang mit den Tieren und den Pflanzen, dem Klima und den Jahresrhythmen, lebte Meinrad introvertiert, ähnlich einem Druiden-Priester oder keltischen Barden und entwickelte Begabungen eines Medizinmannes oder Schamanen. Diese verkörpern jene auserwählten Männer und Frauen, denen sich als religiöse Menschen selbständig und einsam ein unmittelbarer persönlicher Zugang zum kollektiven Unbewußten öffnet. Sie versuchen den Weissagungen ihrer Schutzgeister, das heißt tiefenpsychologisch den Offenbarungen ihres Unbewußten durch Träume, Visionen, Phantasien, aber auch Ahnungen und äußeren Zeichen entsprechend zu leben. Dadurch wurden sie zu einer geistigen Lebensquelle für ihre Mitmenschen.[48] In diesem Sinn wurde auch Meinrad von vielen Ratsuchenden später wieder aufgesucht, und er stand trotz – oder besser, gerade wegen seiner extremen Introversion ganz besonders im Dienst seiner leidenden Zeitgenossen.

Vorübergehender Wahnsinn und Besessenheitszustände gehören dabei oft zum Bild des Schamanen. Die Eskimos zum Beispiel unterscheiden aber diese temporäre Form von der Geisteskrankheit gewöhnlicher Leute, weil der Schamane die Heilung seines Leidens aus sich heraus findet. Diese Art von Wahnsinn ist als Initiation zu betrachten, durch die er mit den Jenseitsmächten in eine nahe Verbindung kommt. Als Folge seiner Heilung fühlt sich der Schamane meistens zu einem abgesonderten Leben im Dienste der jenseitigen Mächte, den Göttern oder dem Göttlichen verpflichtet.[49] Auch in der islamischen und der jüdisch-christlichen Tradition finden sich Parallelen zu diesen naturnahen Schamanen, zum Beispiel in Gestalt des Propheten Elias oder dem Innerschweizer Visionär Niklaus von Flüe – und dem Einsiedler Meinrad.

Bereits in der Vita ist die Rede von frommen Männern und besonders von einer Äbtissin Heilwiga, die Meinrad helfen, seine Zelle zu bauen. Die Äbtissin Heilwiga ist historisch nirgends bezeugt. Es wird vermutet, es könnte sich um eine Äbtissin des Frauenstifts von Schänis handeln.[50] Dieses wurde in der ersten Hälfte des 9. Jahrhunderts gegründet, war aber nie ein Kloster nach landläufigem Begriff. Adelige Töchter sollten in einem freien Damenstift die Möglichkeit haben, sich an eine stille religiöse Lebensführung zu gewöhnen und gleichzeitig standesgemäß zu leben. In einer Legendenvariante, deren Ursprung unklar ist, wird die Äbtissin Hildegard vom ebenfalls adeligen Fraumünsterstift in Zürich genannt.[51] Sie soll sogar Meinrad in seiner Klause aufgesucht haben. Bei ihrem Besuch habe sie ihm ein Bild der Schwarzen Madonna mitgebracht, das seither zum zentralen Gegenstand seiner Verehrung geworden sei – und bis heute der geistig-religiöse Mittelpunkt des Klosters Einsiedeln geblieben ist. Die außerordentliche Bedeutung dieser Äbtissin für Meinrad sowie für das Kloster in Einsiedeln rechtfertigt es, ihren Hintergrund zu beleuchten.

Beide Namen – Heilwiga und Hildegard – gehen auf einen althochdeutschen Wortstamm zurück, der ‹Kämpferin› bedeutet. Eine Äbtissin Hildegard ist zu Lebzeiten Meinrads in Zürich historisch nachweisbar. Es handelt sich um die erste Äbtissin der 853 gestifteten und 874 geweihten Fraumünsterabtei. Sie war eine Tochter König Ludwigs des Deutschen. Mit ihr sind weitere Legenden verknüpft, welche die Bedeutung der Meinradslegende sinnvoll und wesentlich ergänzen und erweitern, weil sie auf die Herkunft der Schwarzen Madonna in Einsiedeln verweisen.

Hildegard und ihre Schwester sowie die ihnen nachfolgenden Äbtissinnen hatten für die Entwicklung von Zürich außerordentliche Bedeutung. In diesem kleinen Marktflecken des 9. Jahrhunderts, der vor allem wegen seiner Lage als Umschlagplatz von der See- zur Flußschiffahrt wichtig war, lebten damals weniger als 500 Leute in kaum 25 Häusern, die vorwiegend eng um die St.-Peter-Lindenhof-Moräne am linken Limmatufer gruppiert waren. Etwas seewärts davon ließ König Ludwig der Deutsche 853 ein für damalige Verhältnisse gewaltiges Kloster für adelige Damen erbauen, das fast die heutigen Ausmaße erreichte. Es lag auf einer sanften Geländeerhebung etwas außerhalb der Siedlung. Mit dieser Klostergründung sicherte sich der König seinen Einfluß, wurden die Äbtissinnen doch bald zu den ungekrönten Königinnen von Zürich, die auch das Markt- und Münzrecht innehatten.[52] Ihre Kirche war den Zürcher Stadtheiligen Felix und Regula geweiht. In einer Legende wird erzählt, wie ein Hirsch mit Kerzen auf seinem Geweih Hildegard und ihrer Schwester jede Nacht den Weg vom Albiswald im Sihltal zum Gebet in eine Kapelle am See-Ende geleuchtet habe. Als ihr Vater, König Ludwig, ihnen ein Kloster errichten lassen wollte, habe ihm Gott selber den Platz gewiesen, indem er bei der Kapelle, am heutigen Standort des Fraumünsters, ein grünes Seil vom Himmel herabließ, das sich am Boden zu einem Ring schloß.[53]

Nach der Legende sind die beiden Stadtheiligen, Felix und Regula – ihr Diener Exuperantius kam erst im 13. Jahrhundert dazu – mit der thebäischen Legion um 312 nach Acaunum – heute St-Maurice – im unteren Rhonetal gekommen, von wo sie wegen ihres Übertritts zur christlichen Religion flüchten mußten. Später faßte man sie in Zürich, und schließlich wurden sie wegen ihrer Standhaftigkeit enthauptet. Da hätten sie ihre Häupter an die Brust genommen und seien auf die nächste Anhöhe geschritten, wo sie sich niedergelegt und so ihre letzte Ruhestätte selber gewählt hätten.[54] Dort haben sie gelegen, bis Kaiser Karl der Große auf der Jagd nach einem großen, schönen Hirsch von Köln bis nach Zürich kam. An der unbekannten Grabstätte der Märtyrer seien Hirsch, Hunde und Pferde auf die Knie gefallen. Dieses Wunder verstanden zwei herbeigerufene Einsiedler so, daß hier eben Märtyrer begraben seien. Der Kaiser ließ die Gräber suchen, und als sie gefunden worden waren, wurde ein Teil der Überreste von Felix und Regula in die Fraumünsterkirche getragen. Der Rest der Knochen blieb im über den Märtyrergräbern erbauten Großmünster.[55]

Der Hirsch ist eine bekannte Allegorie Christi. Nach einer mittelalterlichen Auffassung kennt er das Geheimnis der Selbsterneuerung, weil er, wenn er sich alt fühlt, eine Schlange verschluckt, durch ihren Giftbiß sein Geweih verliert und sich dann ein neues verschafft. Er stellt als Tiersymbol den «Instinkt der Selbstwerdung dar und enthält alles, dessen das Bewußtsein ermangelt. In ihm liegt daher das Geheimnis der Selbsterneuerung».[56] Der wegweisende Hirsch ist ein verbreitetes Motiv (zum Beispiel auch im Kloster von Fischingen/Thurgau neben der in Ekstase schwebenden heiligen Idda).

Das hochmittelalterliche christliche Bewußtsein war im Begriff, dem männlichen Prinzip mehr und mehr zu verfallen. Diese einseitige, wie zur Zeit der Römer allgemein vorherrschende Männlichkeit, drohte den Zusammenhang mit der weiblichen Seite zu verlieren, zu der das Gefühl und die Gefühlsbezogenheit, die Geduld und die Verwurzelung in der Natur gehörten. Der im Hirsch symbolisierte religiöse Inhalt der Selbsterneuerung führte die Schwestern zurück zu einer Kirche, die einem männlich-weiblichen Heiligenpaar geweiht werden sollte. Dieses Bild wird ergänzt durch das grüne Seil, das sich vom Himmel kommend auf der Erde zum Ring schloß.

Damit ist eine Verbindung von Himmel und Erde, das heißt von Geist und Materie hergestellt.[57] Der Ring ist ein treffendes Symbol für die dadurch entstehende Ganzheit. Daß der von Gott bestimmte Ort für ihr Kloster in der Stadt Zürich liegt, heißt, daß damit das kollektive Bewußtsein an dieses ganzheitliche Gottesbild – ausgedrückt im Symbol von Felix und Regula – angeschlossen werden soll. Die grüne Farbe des Seils verweist auf die hoffnungsvolle neue Lebensmöglichkeit, die durch diese Verbindung des männlichen Gottesbildes mit seiner unbewußt gewordenen weiblichen Seite entstehen wird.

Nach der genannten anderen hochmittelalterlichen Legende steht auch hinter der Gründung des Großmünsters ein Hirsch, den Karl der Große von Köln bis nach Zürich auf der Jagd verfolgt hatte. Der Kaiser, als Repräsentant des offiziellen christlichen Bewußtseins, folgt damit einer unbewußten, instinkthaften Seite, einem instinkthaft erahnten, erneuernden religiösen Inhalt, der ihn schließlich an das Grab von Felix und Regula führt. Hier entdeckt er die Märtyrer und erweckt ihre Legende zum Leben, indem er – immer nach der Legende – ihnen zu Ehren das Großmünster bauen läßt. Dieses Bild verweist auf die Notwendigkeit, das kollektive Bewußtsein des offiziellen Christentums an die tiefere Wahrheit des Martyriums von Felix und Regula anzuschließen, diesen alten religiösen Inhalt zu kanonisieren, ihm eine neue Fassung und neues Leben zu verleihen.

Worauf verweist nun diese Legende? Ohne hier auf Einzelheiten einzugehen, zielt diese Legende auf zwei wesentliche Aussagen: In ihr wird zum einen das Christentum von einem Mann *und* einer Frau nach Zürich gebracht, das heißt, das weibliche Prinzip ist mit dem männlichen *gleichwertig* und in geschwisterlicher Liebe verbunden. Zudem opfern beide ihre Köpfe und tragen diese nach der Enthauptung so an ihrer Brust, daß das Ohr am Herzen liegt. Dieses Geschehen verweist auf die Notwendigkeit, den allein vernünftigen Standpunkt, den Kopf zu opfern und mehr auf die Stimme des Herzens, auf das Gefühl zu achten. Damit ist für den vernunftorientierten Geist ein Leiden verbunden, das schließlich zur Erlösung und inneren Ganzwerdung führt.[58]

Zwischen dem Großmünster der Chorherren und dem Fraumünster der adeligen Damen entsteht um die Jahrtausendwende auf der Limmatinsel über der vermuteten römischen Richtstätte die Wasserkirche, die spätestens ab dem 13. Jahrhundert durch Holzstege mit beiden Limmatufern verbunden war. Die liturgische Hauptschlagader Zürichs band damit die Stätten der Heiligen ein, auf denen in feierlichen Prozessionen der Gang der Stadtpatrone nachempfunden worden ist. Dem Großmünster fehlt ein sonst übliches Westportal, anstelle dessen je ein Tor in der Süd- und der Nordfassade gebaut wurde, und das Fraumünster öffnet sich nach Osten hin mit einem Portal neben dem Chor. Diese Ost-West-Achse vermittelt zwischen dem Märtyrergrab von Felix und Regula und dem ihnen geweihten Hauptaltar und führt über die Opferstätte in der Wasserkirche hinweg.[59]

In dieser städtebaulichen Architektur ist das Bild in Stein gefügt, daß die Vereinigung von Gegensätzen, die Verbindung von weiblichen und männlichen psychischen Prinzipien – bei der Frau die Verbindung mit ihrer männlichen Seite, beim Mann die Verbindung mit seiner weiblichen Seite – immer an leidvollen Zeiten und Opferstätten vorbeiführt.

Auf den tiefen kulturhistorischen und archetypischen Hintergrund der männlich-weiblichen Ganzheit verweist in der Legende von Felix und Regula der später hinzufabulierte Umstand, daß das Geschwisterpaar Mitglied der thebäischen Legion gewesen sei. Damit wird seine Herkunft nach Ägypten in die Wiege des Christentums verlegt. Die ägyptische Herkunft von Felix und Regula ist ein Bild für das Bedürfnis der Gläubigen, das hoch- und spätmittelalterliche Christentum der Mächtigen und der Männer wieder an die Religiosität des Urchristentums und dessen Fundament anzuschließen.

In der ägyptischen Götterwelt spielten die Göttinnen Isis, Nut und Hathor eine bedeutende Rolle. Name, Darstellung, Beiname und Funktion der drei Göttinnen überschneiden sich, aber ohne sich völlig zu decken. Sie sind im Grunde drei Aspekte einer großen Muttergottheit.[60] Im Neuen Reich und bei den Griechen und Römern rückte Isis immer mehr in den Vordergrund. Sie wird als große Magierin und große Hexe bezeichnet, die ebenso wie die indische Kali lebensspendend und zerstörend eingreifen kann. Diese allumfassende Muttergottheit, die als schwarze Isis verehrt worden ist, wird im Christentum in zwei Aspekte aufgetrennt: Die Jungfrau Maria vertritt nur die lichte, geistige, gute Seite der Großen Mutter, weil sie von ihrem Schattenaspekt abgeschnitten ist. Ihre dunkle Seite wurde später kollektiv auf irdische Frauen projiziert, die als Hexen verbrannt worden sind.[61] Zudem stand die Gottesmutter Maria in der westlichen katholischen Kirche offiziell nie im Mittelpunkt der Aufmerksamkeit, im Gegensatz zur Ostkirche, wo es von Maria unter anderem heißt: «Ich bin schön und schwarz».[62] Durch die einseitige Betonung des lichten Aspektes von Maria in der Westkirche wurde hier die Beziehung zur Materie gefühlsarm, «denn Isis war zum Teil ein Bild für die kosmische Materie».[63]

Ägypten galt bei den Griechen und Römern allgemein als das Land der großen Mysterien, das frommste Land der Urweisheit und der Magie.[64] Infolgedessen mußte es für die Christen als der Inbegriff des Bösen, des «vernebelten dunklen irreführenden heidnischen Geistes» gelten.[65] «Der christliche Teufel hat ja weitgehend das Erbe des Agatho Daimon der Heiden, der als Herr der schwarzen ägyptischen Erde und Osiris, Gemahl der Isis, verehrt wurde, angetreten».[66] Damit wurde Isis im Christentum gewissermaßen zu ‹des Teufels Großmutter› gemacht, wodurch das patriarchale Christentum gleich drei archetypische Aspekte der alten Götterwelt verdrängt hat: das Weibliche, die Materie und das Böse.

Der christlichen Gottesmutter fehlen die dunklen, chthonischen, zerstörerischen und unbezogenen Aspekte der alten Muttergöttinnen, wie sie die schwarze Isis aus Ägypten darstellt, oder die schwarze Kali aus Indien, oder die schwarze Demeter von Eleusis, oder die schwarze Ceres, oder die als schwarzer Stein verehrte Sibele aus Rom, oder die dunkle Artemis von Ephesos. In diesen Kreis gehört auch die unermeßlich reiche und über alles weise Königin von Saba, die König Salomon besuchte, um mit ihm um den Ruf der Weisheit zu wetteifern. Als

Herrscherin der Sabäer in Südarabien (entspricht in etwa dem heutigen Jemen) war sie dunkelhäutig.[67]

Die schwarze Maria stellt ein aus dem Unbewußten aufgetauchtes kompensatorisches Bild dar, das die christliche Einseitigkeit wieder in ein altes Gleichgewicht, in eine ewige Ganzheit bringen sollte. Dieses wurde nie im Dogma verankert. Es bildete sich in der Seele von Einzelnen, wie dem Eremiten Meinrad, und wurde anfänglich in stiller Abgeschiedenheit verehrt. Durch die Einsamkeit und Introversion des Waldbruders sind in ihm tiefste Schichten des kollektiven Unbewußten angeregt worden. Diese ließen ihn im ewigen Bilderstrom der Seele dorthin zurückkehren, wo die einseitige christliche Entwicklung einsetzte. In der Verbindung von Maria und der schwarzen Farbe entstand jene Einheit, die heute das einzige noch wirklich lebendige Symbol der Kirche darstellt.[68] Neben Einsiedeln gehören Montserrat in Spanien, Rocamadour in Frankreich, Loretto in Italien, Censtochowa in Polen und Altötting in Bayern (BRD) zu den berühmtesten Wallfahrtsorten der Alten Welt. In diesen alten religiösen Zentren werden schwarze Mutter-Gottes-Bilder verehrt.

Das an verschiedenen Orten spontan entstandene Bild der schwarzen Mutter Gottes ist in Einsiedeln aus dem Seelenkern Meinrads geboren worden. Das Selbst als Regisseur von Träumen und Visionen hat in ihm dieses zentrale Symbol bewußt gemacht. Daß er mit seinem Selbst in engstem Kontakt, vertrautem Umgang und fortwährendem Austausch gestanden hat, erzählt uns in einer Episode seine Vita: Ein in Weiß gekleideter Knabe von wunderbarer Schönheit betet und redet mit ihm während der Messe, gibt ihm Ratschläge und Mahnungen in einer Sprache, die nur Meinrad verstehen kann. Dieser wundersame göttliche Knabe ist ein treffendes Symbol des Selbst[69] und der Keim von Meinrads Ganzheit.[70] Mit ihm pflegt er freien Umgang, von ihm empfängt er alle Weisungen.

In einer Vision schaut Meinrad seinen Tod voraus: Ein Rätier und ein Alamann werden ihn berauben und ermorden. Meinrad stellt sich ihnen bei ihrer Ankunft, bewirtet und beschenkt sie. Er bittet sie noch um zwei Kerzen, die sie ihm nach ihrer schaurigen Tat anzünden mögen. Dann erwürgen und erschlagen sie den alten Mann. Die eine Kerze entzündet sich danach auf geheimnisvolle Weise selbst. Die zwei Raben aber umflattern laut krähend die Mörder und verraten so die beiden auf ihrer Flucht nach Zürich. Dort werden sie gefaßt, verurteilt und bei lebendigem Leib verbrannt. Der Leichnam Meinrads aber wird von seinen Mitbrüdern aus der Reichenau abgeholt und dort ehrenvoll beigesetzt.

Meinrad wurde im 64. Lebensjahr erschlagen. Er erreichte damit ein Alter, wie es vielen seiner Zeitgenossen auch unter günstigeren Lebensbedingungen nicht vergönnt war. Seinen Tod erachte ich deshalb als altersgemäß. Seine Todesvision, das Wunder der brennenden Kerze sowie der süße Wohlgeruch, der sich in seiner Zelle ausbreitete, weisen zudem darauf hin, daß Gott mit diesem Heimgang einverstanden war, daß seine Individuation damit ihrem Höhepunkt zustrebte, das heißt sein Tod im Sinn des Selbst war. Als Mensch unterstellte er seine ich-haften Wünsche so kompromißlos seinem Selbst, daß er dadurch in der Lage war, den schwierigsten Schritt zu tun, nämlich die dunkle Seite Gottes, die ihm als Mörderpaar begegnete, anzunehmen. Dieses hatte es auf seinen Reichtum abgesehen, der ihm aber nicht zu nehmen war, da es sich um einen inneren Reichtum handelte. Die 64 Lebensjahre entsprechen acht mal acht Jahren oder der Vier in der dritten Dimension. Auch darin drückt sich Meinrads Ganzwerdung mit seinem Tod eindrucksvoll aus.

Als Individuum hatte Meinrad die im Christentum abgespaltene, dunkle Seite Gottes angenommen, deren Qualitäten im Bild der Schwarzen Maria mit ihrem schwarzen Jesuskind trefflich symbolisiert sind. In der Kultur des christlichen Mittelalters aber war dieser Konflikt noch weit von einer Lösung entfernt.

Als die Mörder nach ihrer Tat nach Zürich flüchten, werden sie von Meinrads Raben aufgeregt umflattert. Darauf werden die Leute aufmerksam. Sie führen die Mörder vor den Richter, der die beiden Männer zum Tod am Rad verurteilt. Dann werden sie verbrannt und ihre Asche in die Limmat gestreut: im damaligen Rechtsempfinden eine der schwersten Strafen.

Wie haben wir diese aufgebrachten Raben zu verstehen, die die beiden Mörder dem Henker ausgeliefert haben? Beim Tod eines geliebten Menschen erleben wir immer die entsetzliche Brutalität und die Eiseskälte des Sterbens. Die einen werden plötzlich, zum Beispiel durch einen Herzinfarkt oder einen Hirnschlag, mitten aus dem Leben gerissen, oder andere werden, zum Beispiel durch eine schleichende Krankheit wie Krebs, langsam und qualvoll zu Tode gebracht. Die Hinterbliebenen erleben diese unbezogene, lieblose, destruktive Seite Gottes meistens als Schock. Damit werden oft dunkle Phantasien über

Gott lebendig. Die einen kehren sich von ihm ab, mit dem Argument: Wenn es einen gerechten Gott gäbe, hätte er diesen Tod verhindern müssen. Andere flüchten sich hinter das Gesetz der großen Zahlen und meinen, der Tod hätte nichts mit Gott zu tun, sondern nur mit dem Zufall und der Statistik. Der Verkehrstod zum Beispiel ereile eben jede Woche zufällig eine Anzahl von Menschen. Die meisten aber verdrängen und projizieren die dunkle Seite Gottes auf verantwortliche Mitmenschen – den behandelnden Arzt, die Krankenschwester –, das Medikament, die Umstände, einen technischen Defekt und anderes mehr. Die verantwortlich Gemachten können dann zur Rechenschaft gezogen werden. Der als Unrecht empfundene Tod wird so wieder in eine gerechte menschliche Ordnung gestellt.

Die Idee, eine Untat zu rächen, gehört zum Urgut der Menschheit. Dahinter steht die heidnische Vorstellung, daß durch ein Unrecht die Welt in Unordnung geraten könnte. Wegen der unabsehbaren Folgen, die daraus entstehen könnten, ist es notwendig, das Unrecht wieder gutzumachen. Dieses Gefühl für die Mitverantwortung des einzelnen Menschen am Weltgeschehen stellt ihn als sinnvolles Glied in sein Dasein. So bekommt die Rache als wiedergutmachendes und erlösendes Moment ihren Sinn.[71] Dabei zielt die Hinrichtung aber weniger auf persönliche Vergeltung oder persönliche Sühne ab, sondern war ursprünglich gedacht als kollektives Sühneopfer an die Götter. Deshalb wurden die Gehängten oder die Geräderten ‹nach oben› den Göttern dargeboten.

Die Raben Meinrads, die nach seinem Tod von den einfachen Leuten gesehen werden, sind nun als *deren* dunkle Phantasien zu verstehen, die aber nicht ihren lieben Gott, sondern Menschen für den Tod von Meinrad verantwortlich machen wollen. Mit der vollzogenen, kollektiven Rache – der Verurteilung und dem schrecklichen Ende der Mörder – verschwinden die Raben aus der Legende – die alte Ordnung ist wiederhergestellt. Mit dem Tod der Mörder ist aber auch das Bewußtsein über die dunkle Seite Gottes wieder erloschen.

Diese Tatsache ist bedeutend, denn das kollektive, mittelalterliche Bewußtsein ist hier insofern selber das Opfer, als damit auch die jungen Phantasien über die dunklen Seiten Gottes wieder im Unbewuß-

---

«Hier gibt sankt Meinrad den Mördern Brot und Wein, und sie schlagen auf ihn, und die Raben stechen gegen sie.»

Hie git sāt meinrat dē mordern
brot vñ win vnd si schlahēt vff
in vñ die rappē stechēt vff sy.:.†

ten verschwinden. Damit konnte im damaligen Zeitgeist, das heißt im offiziellen Christentum, keine diesbezügliche Bewußtseinserweiterung einsetzen. Erst Gengenbach läßt die Raben in den Finstern Wald zurückkehren, wo sie jedes Jahr am Vortag des Meinradtages, an der Vigil von St. Agnes, über der Gnadenkapelle gehört und gesehen werden können. Die jährlich wiederkehrende Gedenkfeier für Meinrad sollte auch die Erinnerung an diese dunklen Phantasien über Gott von neuem lebendig werden lassen – für jeweils mindestens einen Tag.

Die fatale Folge davon ist das Auseinanderbrechen der Gegensätze, wie es bereits im christlichen Mittelalter so ausgesprochen zu Tage trat: Nächstenliebe und Barmherzigkeit einerseits, Inquisition und Kreuzzüge andererseits und anderes mehr. Der greise Eremit Meinrad stirbt in Demut, ausgesöhnt mit seinen Mördern, ruhig und im inneren Frieden, im Wissen aber auch um die Gespaltenheit der Welt, und sein Leben vollendet sich im Annehmen und Aushalten dieser Gegensätzlichkeit.

Hierin unterscheidet sich die Lebensbeschreibung Meinrads wesentlich von vielen christlichen Märtyrerlegenden. Diese leben nämlich weitgehend von der unversöhnlichen Gegensatzspannung zwischen Christen und Heiden: Einerseits eine zutiefst empfundene religiöse Standfestigkeit, verbunden mit einer edlen Gesinnung der Nächstenliebe, und andererseits eine unnachsichtige, uneinsichtige und gewalttätige Grundhaltung. Mit seiner umfassenden Erfahrung Gottes, erweitert durch das lebendige Bild des dunklen und weiblichen Gottesaspektes, kann Meinrad seinen Tod annehmen und seinen Mördern verzeihen. Er weiß um diese dunkle Seite in der eigenen Seele und im Gottesbild. Das kollektive Bewußtsein seiner Zeit aber verschließt sich diesem Wissen, und die Mörder werden hingemacht. Damit verschwinden aber auch seine Raben. Der damalige Zeitgeist verdrängte Meinrads Erkenntnis aus dem Bewußtsein.

Die Meinradlegende ist eine Weiterentwicklung und deshalb eine Antwort auf viele Märtyrerlegenden. Sie tauchen meistens im ausgehenden Frühmittelalter auf. Das Dämonische wird darin auf die Römer projiziert. Die Meinradlegende entstand im Hochmittelalter und handelt aus dieser Zeit. Damit wurde das Problem des Bösen näher an die Gegenwart gerückt und damit auch näher an das Bewußtsein. Jene Zeit verstand die tiefe Wahrheit, die das beispielhafte Leben von Meinrad wirklich gemacht hat aber noch nicht genügend. Deshalb schickte das kollektive Unbewußte Jahre später zwei Mönchen je einen Traum, in dem sie aufgefordert wurden, am Lebenswerk von Meinrad im Finstern Wald weiterzubauen. Dieses Bild zeigt nochmals, daß sein Leben eine zu geringe Wirkung auf die Entwicklung des kollektiven christlichen Bewußtseins ausgeübt hatte. Die dunkle Seite Gottes blieb unbewußt und wurde auf andere projiziert: auf die Rechtlosen, auf die Unehrlichen, auf die Fremden, auf die Juden, auf die Zigeuner, auf die Sarazenen, auf die Neger, auf die Indianer und auch auf die Frauen. Das Christentum hinterließ dadurch eine unbeschreibliche Spur von Blut und Tränen in seiner Geschichte.

Die christliche Kultur erweist sich bis zum heutigen Tag als unfähig, diese auf den Teufel projizierten dunklen Aspekte Gottes anzunehmen und aus ihrer eigenen Geschichte zu lernen. Die Folge davon ist eine zunehmende Gegensatzspannung der Welt, die wir heute auf verschiedenen Ebenen als existenzbedrohend erleben. Die Möglichkeit einer globalen Katastrophe ist real geworden, und es scheint, als ob eine Kleinigkeit sie auslösen könnte. In der äußeren Wirklichkeit wird heute das Böse als politisches Feindbild kollektiv projiziert – von West nach Ost und von Ost nach West.

Zudem scheint sich die dunkle Seite Gottes in unseren Tagen unbewußt zu inkarnieren, das heißt unbemerkt in die materielle Wirklichkeit zu kommen. Wir stehen mehr oder weniger machtlos vor der eigendynamischen Kehrseite des sogenannten Fortschritts. Durch den kollektiven Wahn der Machbarkeit unserer Zivilisation, den sogenannten Fortschrittsglauben, haben wir uns mit der lichten Seite Gottes identifiziert, was einerseits zu einer gewaltigen seelischen Inflation führt und wodurch andererseits die dunkle Seite gewissermaßen von hinten, eben unbewußt, sich manifestieren konnte: Waldsterben, Bodensterben, Luftverschmutzung, sterbende Seen, sterbende Meere, Überernährung, Hungersnöte, Abfallflut, Massenvernichtungswaffen, Überbevölkerung, seelische Vereinsamung, maschinengesteuerter Alltag. Diese Menschheitsprobleme unserer Zeit lösen weder Ideologien noch Vereine oder Parteien, weder öffentliche Institutionen noch ratifizierte internationale Übereinkommen, auch nicht Staaten und deren Regierungen und schon gar nicht die menschliche Vernunft, sondern einzelne Menschen, die sich dem Problem des Bösen mit ihrer ganzen Kraft innerlich stellen, wie zum Beispiel Meinrad im Finstern Wald.

Auf der persönlichen Ebene lehrt uns die Legende von Meinrad, das Leben in einer Welt voller innerer und äußerer Gegensätze auszuhalten, wie Meinrad den einsamen Weg in die Tiefe der eigenen Seele zu wagen und dort jene neuen Bilder anzunehmen und zu verwirklichen, die uns überraschend entgegentreten. Wenn wir das damit verbundene Leiden aushalten können, auch den damit verbundenen Gegensatz zum Zeitgeist tragen können, ist die heilsame Wirkung Meinrads auch nach tausend Jahren noch lebendig.

Obwohl nicht Märtyrer im eigentlichen Sinn, wurde Meinrad zu Recht heilig gesprochen, denn seine Legende ist ein archetypisches Bild einer vollzogenen Individuation, einer seelischen Ganzwerdung. Denn sein Nimbus – der Kreis über seinem Haupt als ein altes, weltweites Symbol für die Ganzheit – weist ihn aus als ganzgewordenen Menschen. Damit wird er zum archetypischen Bild des umfassenden Seelischen oder des Seelenkerns – und zum *Aspekt Gottes.* Mit seinem beispielhaften Leben hat er deshalb das Bewußtsein Gottes um dessen dunkle Seite erweitert. Daß Gott selber nach Meinrads Tod die Kerze entzündet, ist ein Bild dafür: Dank der irdischen Leistung Meinrads ging Gott ein Licht auf. Mit seinem Leben und seinem Sterben hat Meinrad das göttliche Bewußtsein erweitert.

Die Geschichte der Reliquie

Die Gengenbachlegende erzählt das historisch nicht gesicherte Schicksal von Meinrads Klause: 60 Jahre nach seinem Tod soll sie leer gestanden haben und sei allmählich zerfallen. Das Blockbuch fährt weiter mit der Legende der zwei Mönche, Gregor von England und Eberhard von Straßburg, die durch Träume gleichzeitig aufgefordert werden, in den Finstern Wald zur zerfallenen Zelle Meinrads zu ziehen. Diese bauen sie gemeinsam wieder auf und gründen das Kloster. Im Blockbuch wird hinzugefügt, daß die Kirche 948 von Gott selber geweiht worden sei, indem Jesus am Vorabend der offiziellen Weihung vor dem Marienaltar geopfert habe.

1029 brannte die erste Kirche nieder. Es folgten weitere Brände in den Jahren 1226, 1465, 1509 und 1577, welche die Kirche teilweise oder ganz zerstörten. Allerdings habe das Gnadenbild der Mutter Gottes diese Katastrophen immer unversehrt überstanden. 1735 wurde die heutige barocke Anlage geweiht.[72]

Erstmals wird eine Reliquie Meinrads im Zusammenhang mit der Weihe des Basler Münsters unter dem 11. Oktober 1019 erwähnt – also 20 Jahre vor seiner Heiligsprechung. Aus den ‹Annales Einsiedlensis› geht hervor, daß Reliquien von Meinrad am 6. Oktober 1039, gleichzeitig mit seiner Heiligsprechung durch Papst Benedikt VIII., von der Reichenau in die inzwischen neu erbaute romanische Kirche nach Einsiedeln gebracht worden sind. Der Umstand allerdings, daß einige Kirchen später von der Reichenau aus mit Reliquien von Meinrad beschenkt wurden, weist darauf hin, daß man dort einen Teil der Gebeine zurückbehalten hatte.[73]

Dies bestätigt uns ein Brief des Einsiedler Abtes Plazidus Reimann vom 23. September 1648, worin er dem Bischof von Bosgo San Domino mitteilt, daß sich nicht der ganze Leib des Heiligen im Kloster Einsiedeln befindet: «Nur das Haupt und zwei Gebeine werden hier aufbewahrt. Die weiteren Reliquien wurden zum Teil in der Reichenau, wo sein Leichnam beerdigt wurde, zurückgelassen, zum Teil an andere Kirchen verteilt.»[74] Trotz Unterschieden zwischen

---

«Das ist unserer Frauen Kapelle, als sie zerstört und wüst (verlassen) war nach sankt Meinrads Tod, und während sechzig Jahren wohnte kein Mensch dort.»

Dis ist unser frowen cappell als sy
zerstört und wüst lag nach sant
Meinratz tod wol was sechzig iar dz
nie kein mēsch da woned was.

Reichenau und Einsiedeln, ohne dass wir aber darin Spannungen sehen dürften, bestand für das Kloster Reichenau kein Grund, den Einsiedler Benediktinern damals eine falsche Reliquie zu überbringen.[75]

Gengenbach gibt uns ein Motiv bekannt, weshalb die Mönche der Reichenau den Leib des heiligen Meinrad nach Einsiedeln zurücktrugen: «Wegen vielen Widrigkeiten und Gefahren schickten die Reichenauer heimlich seinen Leib an den früheren Ort zurück, wo jetzt seine Reliquien ruhen, nämlich bei der heiligen Maria in Einsiedeln auf dem Hochaltar im Chor. Darauf hörten die Heimsuchungen und Mißgeschicke des genannten Klosters auf der Reichenau auf.» Obwohl es sich dabei um ein bekanntes Motiv für Übertragungen von Reliquien handelt, steht dahinter wohl «eine mehr oder weniger wahrscheinliche Überlieferung».[76]

Gefahr bestand für die Reliquien der Stiftskirche beim Überfall der Schwyzer vom 6. auf den 7. Januar 1314. Diese raubten die Reliquienschreine, nachdem sie deren Inhalte auf den Boden ausgeschüttet hatten. Die Meinradsreliquien wurden nicht besonders erwähnt. Es ist deshalb anzunehmen, daß sie die Plünderung überstanden haben.[77]

Ernsthaft gefährdet war das ganze Kloster während der Reformation. Ein greiser Abt und ein einziger Mönch überstanden diese Zeit und wahrten damit die Kontinuität des Klosters.

Als die französische Soldateska im Frühjahr 1798 in die Alte Eidgenossenschaft einmarschierte, flüchteten die Mönche die Reliquie Meinrads zusammen mit dem Gnadenbild aus der Klosterkirche, um sie am Fuße der Mythen auf der Haggenegg, dort wo heute eine Kapelle steht, für ein paar Monate zu vergraben. Anschließend wurde sie nach St. Peter bei Bludenz und ¾ Jahre später nach St. Gerold gebracht.

Dort untersuchte man die Marienstatue eingehend. Sie war um die Mitte des 15. Jahrhunderts aus hellem Lindenholz geschnitzt worden – wahrscheinlich mehr oder weniger zeitgleich mit dem Blockbuch und dem Neubau der Kirche, die 1465 abgebrannt war – nämlich auf die 500-Jahr-Feier der Engelweihe der ersten Klosterkirche hin. Das überlieferte Protokoll hält unter anderem fest, daß die Statue ursprünglich in Leinen eingewickelt worden war, auf das Farbe aufgetragen worden ist. Die dunkle Färbung des ursprünglich fleischfarbenen Gesichtes sei auf Rauch und Ruß der Kerzen und Ampeln – nicht auf eine Farbe

– zurückzuführen. Dies steht in Einklang mit der oft gehörten Äußerung, die Schwarze Madonna sei lediglich durch Kerzenrauch oder durch Kirchenbrände dunkler geworden. Die Statue wurde nach der Untersuchung restauriert, wobei aber diesmal das Angesicht von Mutter und Kind schwarz übermalt worden ist. Von Bludenz kam sie weiter nach Venedig, und am 25. September 1804 kehrten Gnadenbild und Reliquie unversehrt nach Einsiedeln zurück.[78]

Der Schädel Meinrads wurde zum Millenarium 1861 in das Nonnenkloster Au bei Einsiedeln gebracht, wo er untersucht und restauriert worden ist. Dort entstanden ein ausführliches Dokument und die bis 1984 gültige Fassung der Reliquie, die jedoch in ihrer Art und in den Materialien auf eine ältere barocke Fassung zurückgeht, die schon 1785 entstanden sein könnte.[79]

Wenn eine Verwechslung der Gebeine des heiligen Meinrad vorliegen würde, so ginge sie am wahrscheinlichsten auf einen Irrtum bei seiner Exhumierung im Kloster Reichenau im 11. Jahrhundert zurück. Über diesen Akt herrscht jedoch völlige Ungewißheit, da keine historischen Quellen bekannt sind, die es gestatten würden, im nachhinein über die Echtheit der damals exhumierten Knochen zu urteilen.

Im Auftrag des Klosters wurde im Frühjahr 1984 die Reliquie des heiligen Meinrad mit anthropologischen Methoden untersucht. Das Interesse galt der Frage nach der Identität der Gebeine: Gibt es wissenschaftliche Argumente, die gegen die gut begründete Annahme sprechen, das Reliquium bestehe aus den knöchernen Resten des heiligen Meinrad?

Der Untersuchungsbericht faßt zusammen, «daß es sich beim vorliegenden Schädel aus dem Tabernakel der Gnadenkapelle der Klosterkirche Maria Einsiedeln um die sterblichen Reste eines alten, 60- bis 70jährigen Mannes handelt, dessen Maße und dessen morphologische Merkmale ihn am wahrscheinlichsten als Individuum ausweisen, das einer alpinen oder voralpinen Bevölkerung der Schweiz aus dem Mittelalter angehörte. Ein eingehender Vergleich mit Zeitgenossen aus Zürich zeigt, daß sich der Schädel im dortigen Merkmalskontinuum problemlos einfügen läßt.

Es bestehen folglich keine anthropologischen Argumente, die gegen die Annahme sprechen, es handle sich bei der Reliquie um den Schädel des heiligen Meinrad. Berücksichtigen wir die anthropologischen und die historischen Daten gemeinsam, so wird es noch wahrscheinlicher, daß der untersuchte Schädel tatsächlich als der körperliche Überrest des Märtyrers anzusehen ist» .[80] Anlaß zu dieser Untersuchung gab die Einweihung des neuen Altars im Chor durch Papst Johannes Paul II. am 15. Juni 1984, bei der die Reliquie *dort* neu eingesetzt worden ist. Vorher ist sie in einem Silberhauptreliquiar neu gefaßt worden.[81] Seither wird die Reliquie am Todestag Meinrads, am 21. Januar, in einer feierlichen Prozession zur Schwarzen Madonna in die Gnadenkapelle, seiner ehemaligen Klause, hin- und zurückgetragen.

Die Geschichte der Reliquien Meinrads ist teilweise historisch, teilweise legendenhaft. Im Mittelalter überwiegt das Legendenhafte. In der jüngeren Neuzeit reichen die historischen Belege aus, um die Geschichte von Meinrads Reliquien nachzuzeichnen.

Der einsame Zerfall der Klause im Finstern Wald nach Meinrads Tod zeigt das, was uns seine Vita schon nahelegt. Im offiziellen Weltbild des damaligen Christentums hatte sich trotz dem Leben und Sterben Meinrads vorerst nichts geändert. Doch einige Jahrzehnte später rückte ein erneuter Impuls aus dem Unbewußten sein Gottesbild mehr ins Bewußtsein seiner Zeit. Zwei Mönche nämlich werden an verschiedenen Orten je durch einen starken Traum gleichzeitig aufgerufen, Meinrads Lebenswerk weiterzuführen. Daraus bildete sich eine kleine Mönchsgemeinschaft, die 948 ihre erste Kirche durch Bischof Konrad von Konstanz weihen lassen wollte.

Gott selber aber opferte am Vorabend am Maria-Altar und weihte so die erste Klosterkirche. Damit kam er dem offiziellen Zeremoniell zuvor. Dabei war alles in ein geheimnisvolles, strahlendes Licht getaucht. Dieses eindrückliche Bild zeigt, wie dem Göttlichen ein Bewußtseinslicht aufgegangen war und es das weibliche Prinzip annehmen konnte. Vom männlichen Standpunkt aus war dies ein Opfer. Zudem stand dieses Bild nicht im Einklang mit der offiziellen Vorstellung einer Kirchweihe.

Die Mitbrüder verlangten vom Bischof, daß er die Weihung trotzdem im üblichen Rahmen vornehme. Da erhob sich die Stimme Gottes: «Cessa, cessa frater, capella divinitas consacrata est!» (Hör auf, hör auf Bruder, die Kapelle ist von Gott geweiht!) Die wunderbare Weihe, der allein der Bischof beigewohnt hatte, war damit nicht nur allen bestätigt, sondern dieses Eingreifen Gottes bekräftigte nochmals, daß

Meinrads Bewußtseinserweiterung ernst genommen werden mußte, obwohl das neue Bild von Gott nicht dem entsprach, wie man es sich damals allgemein vorstellte.

Wir wissen historisch nichts Gesichertes, wie und wann es zur Verehrung einer schwarzen Muttergottes in Einsiedeln gekommen ist. Eine im Kloster selber wiedergegebene Erklärung greift auf die Vorstellung zurück, daß bei jedem Brand der Kirche die Marienstatue wunderbarerweise unversehrt, aber geschwärzt hervorgegangen sei. Die vielen Brände, welche die Kirche teilweise oder ganz eingeäschert haben, können symbolisch aufgefaßt werden als affektive, zerstörerische Impulse von gewaltiger Energie aus dem Unbewußten, die immer wieder die bewußte Auffassung und Haltung der Kirche zerstörte und auf das Wesentliche von Meinrads Lebenwerk reduzierte: auf eine schwarze Muttergöttin.

Mit der Französischen Revolution wehte der vernunftorientierte Geist der Aufklärung durch Europa und drang mit den Armeen Napoleons bis nach Einsiedeln vor. Die Soldaten zerstörten die Gnadenkapelle und raubten alle Kostbarkeiten, mit denen sie ihre Kriegszüge bezahlten. Sie schickten auch eine Statue der Schwarzen Madonna nach Paris – allerdings nur die Kopie, denn das Original ruhte zusammen mit dem Haupt Meinrads vergraben am Fuße der Mythen auf der Haggenegg. Damals war den Mönchen von Einsiedeln noch selbstverständlich, daß diese beiden Symbole zusammengehören. Ein Einsiedlermönch machte diesen Aufenthalt des Gnadenbildes in der Erde für dessen dunkle Färbung verantwortlich. Er spürte offenbar die sinnvolle Verbindung der hellen Maria mit dem dunklen Erdhaften der alten Muttergöttinnen.

Die Zelle Meinrads wurde nach der Übertragung seiner Gebeine zu seinem Grabmal. In der heutigen barocken Klosterkirche liegt hinter der bombierten Westfassade das Oktagon, in dessen Zentrum die 1815/17 mit alten Materialien neuerbaute Gnadenkapelle steht. Auf deren Altar, zu Füßen der Schwarzen Madonna, ruhte bis zum Papstbesuch 1984 Meinrads Kopfreliquie. Nach Osten an das Oktagon schließt sich das Kirchenschiff an, das in das untere und obere Mönchschor mündet.

Die Neigung im Volk, die sterblichen Reste und Gräber von Märtyrern zu verehren, ist aus dem vorchristlichen Heroenkult abzuleiten. Die Griechen glaubten nämlich, daß der ‹Grabgenius› einer verstorbenen herausragenden Persönlichkeit, sein Geist, heilende und schützende Wirkung auszuüben vermöge, und daß man von ihm durch Träume und Visionen geführt werden könne. An vielen griechischen Fundorten wurde deshalb ein «uraltes Heroengrab» gezeigt, auf welches die Griechen der klassischen Zeit als eine Grundlage ihres neuen Kultes hinwiesen. Epidauros zum Beispiel, die große Kultstätte des Heilgottes Asklepios, soll ursprünglich das Grab eines Helden Maleas gewesen sein, über dem sich später der ganze kultische Heilbetrieb des Asklepios entwickelte.[82]

Solche Gräber hatten oft die Form von Mandalas, dem Grundmotiv religiöser Bildgestaltung.[83] Auch die Anlage von Meinrads Grab entspricht einem Mandala: Über dem Oktagon wölbt sich die Kuppel, darunter steht die kubische Gnadenkapelle, in deren Zentrum ruht Meinrads Haupt.

Wenn ein Märtyrergrab einen Mandalagrundriß aufweist, so bedeutet dies, daß der dort verehrte Tote das Symbol eines vollständigeren und bewußteren Menschen darstellt, der im Individuationsprozeß weiter fortgeschritten war und deshalb die Ahnung eines größeren, vollständigeren Menschseins übermittelt. Ein solcher Toter verkörpert einen Wirklichkeit gewordenen göttlichen Aspekt, ein ‹pied à terre› Gottes in dieser Welt. Der Verehrte stellt damit eine Inkarnation des größeren inneren göttlichen Menschen dar, welcher als dessen Selbst seinen Tod überdauert und positive Wirkung entfaltet.[84]

Meinrad verhalf dem abgespaltenen dunklen naturnahen weiblichen Aspekt Gottes zur Verwirklichung, dem inneren göttlichen Aspekt seines kollektiven Seelengrundes zum Licht und kompensierte damit das einseitig gewordene Gottesbild seiner Zeit. Er hielt als gewöhnlicher Mensch die Gegensätze aus, die sein erweitertes Bewußtsein mit sich brachte. Er stellt einen individuierten Menschen dar, durch den etwas vom Göttlichen Wirklichkeit werden konnte. Sinnvollerweise stand deshalb über Jahrhunderte in der Gnadenkapelle über dem Haupt Meinrads die schwarze Muttergöttin. Denn er brachte das, was vorher als Archetypisches Möglichkeit war, in die Wirklichkeit, ins Hier und Jetzt.

Die jüngste Entwicklung im Kloster Einsiedeln stellt eine Zäsur in der Geschichte der Verehrung von Meinrad und der Madonna dar. Das Haupt Meinrads liegt seit 1984 vom Pilger abgekehrt im Hauptaltar im Mönchschor. Dort wurde es von Papst Johannes Paul II. zur Weihung neu eingesetzt. Durch die räumliche Trennung von Meinradshaupt und Muttergottes ist das archetypische Bild der Göttin von ihrer gelebten Wirklichkeit getrennt worden. Meinrad hat für uns alle diesen Aspekt Gottes durch sein Leben erlitten und bewußt gemacht. Das Mandala seiner Verehrungsstätte ist damit empfindlich gestört, weil das Symbol für seinen unvergänglichen Geist[85] nun dort fehlt.

Lassen sich die Einsiedler Mönche heute mehr berühren durch den Geist Meinrads, der ihnen nun räumlich näher und zugewendet ist? Wo würde wohl Meinrad selber seine Stätte wählen: Neu im Mönchschor, gesichert durch Gitter, Beton, Stahl und Panzerglas, dafür aber in größerer Nähe zu seinen Sachverwaltern, oder zu Füßen einer dunklen Göttin, seine ratsuchenden Brüder und Schwestern empfangend?

Anmerkungen

1 Lateinische Edition und Übersetzung in: St. Meinrad, zum 11. Zentenarium seines Todes 861–1961, hrsg. von Benediktinern des Klosters Maria Einsiedeln. Einsiedeln 1961, 25–41. Hier wird eine Zusammenfassung vorgelegt.

2 Ebenda, 25.

3 Ebenda, 19.

4 Ebenda, 26, Anmerkung 3.

5 Ebenda, 42–53.

6 Das Blockbuch von Sankt Meinrad und seinen Mördern und vom Ursprung von Einsiedeln. Farbige Faksimile-Ausgabe zum 11. Zentenar des Klosters. Einsiedeln 1961.

7 Joachim Salzgeber: Der heilige Meinrad. Sein Leben und Sterben dargestellt nach Federzeichnungen um 1520. Einsiedeln 1978.

8 St. Meinrad: 20.

9 Hansueli F. Etter: St. Meinrad. Einsiedeln 1984.

10 Siehe Anmerkung 9.

11 St. Meinrad: 27, Anmerkung 8.

12 Rainer Christlein: Die Alamannen. Archäologie eines lebendigen Volkes. Stuttgart und Aalen 1978.

13 Jürg Schneider, Hansueli F. Etter: Das frühmittelalterliche Gräberfeld am St.-Peter-Hügel in Zürich. ZAK 36, 1979, 1–27.

14 geostet heißt: der Kopf im Westen und die Füße im Osten. Diese Orientierung von Verstorbenen war im christlichen Mittelalter üblich.

15 Ulrich Ruoff, Jürg Schneider: Die archäologische Untersuchung in der Kirche St. Peter. Zürich. ZAK 33, 1976, 2–32.

16 Schneider, Etter: Gräberfeld St. Peter, siehe die Gräber 6, 7, 10 und 14.

17 Jakob Bill, Hansueli F. Etter: Das frühmittelalterliche Gräberfeld vom «Runden Büchel» in Balzers. Jahrbuch des Historischen Vereins für das Fürstentum Liechtenstein, Bd. 81, 1981, 15–80.

18 Es wurde z.B. an manchen Orten bis zur Jahrtausendwende an der heidnischen Sitte festgehalten, über das Leben von Neugeborenen frei verfügen zu dürfen, trotz durchgehender Christianisierung. Vgl. dazu: Hansueli F. Etter, Jürg Schneider: Zur Stellung von Frau und Kind im Frühmittelalter. ZAK 39, 1982, 48–57.

19 St. Meinrad: 27.

20 Der Ruhmreiche, gestorben 753.

21 Erna und Hans Melchers: Das große Buch der Heiligen. Geschichte und Legende im Jahreslauf. Zürich 1978.

22 St. Meinrad: 69.

23 KARL BEYERLE: Das liturgische Leben der Reichenau. In: Die Kultur der Abtei Reichenau. Bd. I, München 1925.

24 St. Meinrad: 70.

25 Ebenda, 70f.

26 Ebenda, 71.

27 MARIE-LOUISE VON FRANZ: Carl Gustav Jung. Sein Mythos in unserer Zeit. Frauenfeld und Stuttgart 1972, 181.

28 Ebenda, 181.

29 Altes Testament: Buch der Sprüche 8, 22–31.

30 CARL GUSTAV JUNG: Aion. Gesammelte Werke 9/II, Olten und Freiburg i.Br. 1976, 45 sowie VON FRANZ: Jung, 182.

31 VON FRANZ: Jung, 183.

32 Vgl. Anmerkung 11.

33 MARIE-LOUISE VON FRANZ: Psychologische Märcheninterpretation. München 1986, 119.

34 EMMA JUNG, MARIE-LOUISE VON FRANZ: Die Graalslegende in psychologischer Sicht. Olten und Freiburg i.Br. 1980, 195.

35 JUNG: GW 9/II.

36 CARL GUSTAV JUNG: Die Dynamik des Unbewußten, GW 8. Olten und Freiburg i.Br. 1976, 425f.

37 Zum Problem der psychischen Hauptfunktion vgl. CARL GUSTAV JUNG: Psychologische Typen, GW 6. Olten und Freiburg i.Br. 1981.

38 Griechischer Kirchenschriftsteller um 185–253/54, vgl. JUNG, Psychologische Typen, 13.

39 Ebenda, 21, Tertullian (nach 150–225) war ein bedeutender Kirchenschriftsteller. Seine paradoxe Auffassung drückt sich etwa im Satz aus: «Und Gottes Sohn ist gestorben, das ist durchaus glaubwürdig, weil es widersinnig ist. Und er ist auferstanden aus dem Grab, das ist sicher, weil es unmöglich ist.»

40 Augustinus (354–430) war ein berühmter Kirchenlehrer, vgl. dazu MARIE-LOUISE VON FRANZ: Träume. Zürich 1985, 119ff.

41 CARL GUSTAV JUNG: Die Archetypen und das kollektive Unbewußte, GW 9/I. Olten und Freiburg i.Br. 1976, 381 sowie HANSUELI F. ETTER: Der Schöpfungsteppich von Girona. Jungiana, Reihe B, Bd. I, 1989 (im Druck).

42 Diese bedeutenden Episoden aus der Legende von Meinrad – auf dem Weg vom und ins Kloster Reichenau – sind in seiner Kapelle auf der Etzel-Paßhöhe in Wort und Bild dargestellt.

43 Entspricht weitgehend Wotan, Gottheit aus der germanischen Mythologie, Totengott, Schöpfer der Dichtkunst, Gatte der Freja.

44 CARL GUSTAV JUNG: Über das Phänomen des Geistes in Kunst und Wissenschaft, GW 15. Olten und Freiburg i.Br. 1971, 301.

45 Carl Gustav Jung: Praxis der Psychotherapie, GW 16. Olten und Freiburg i.Br. 1976, 33 sowie derselbe: Mysterium Coniunctionis, GW 14/II. Olten und Freiburg i.Br. 1972, 285.

46 Marie-Louise von Franz: Der Schatten und das Böse im Märchen. München 1985, 230ff.

47 von Franz: Jung, 168f.

48 Jung und von Franz: Graalslegende, 370.

49 Mircea Eliade: Schamanismus und archaische Ekstasetechnik. Frankfurt a.M. 1975, 33ff.

50 St. Meinrad: 27, Anmerkung 7.

51 Melchers und Melchers: Buch der Heiligen, 51ff.

52 Jürg Schneider, Daniel Gutscher, Hansueli F. Etter, Jürg Hanser: Der Münsterhof in Zürich. In: Schweizer Beiträge zur Kulturgeschichte und Archäologie des Mittelalters, hrsg. vom Schweizerischen Burgenverein. Olten und Freiburg i.Br. 1982.

53 Hansueli F. Etter, Urs Baur, Jürg Hanser, Jürg Schneider: Die Zürcher Stadtheiligen Felix und Regula. Zürich 1988, 60.

54 Ebenda, der älteste Text 11–18, die erweiterte Legende nach Brennwald kurz vor der Reformation, 33–38.

55 Ebenda, 40–43.

56 Jung und von Franz: Graalslegende, 266ff.

57 Eliade: Schamanismus, 402ff.

58 Etter et al.: Felix und Regula, besonders der Beitrag von Hansueli F. Etter: Psychologische Betrachtungen zur Legende von Felix und Regula, 125–134.

59 Daniel Gutscher: Das Großmünster in Zürich. Beiträge zur Kunstgeschichte. Bern 1983, 47ff.

60 Erik Hornung: Tal der Könige. Die Ruhestätte der Pharaonen. Zürich und München 1982.

61 Jung: GW 6, 430ff.

62 Vgl. dazu «Das Hohelied», Poetische Bücher, AT, wo es heißt: «braun bin ich zwar, doch hübsch» (1/5).

63 Marie-Louise von Franz: Die Erlösung des Weiblichen im Manne. Der goldene Esel von Apuleius in tiefenpsychologischer Sicht. Frankfurt a.M. 1980, 236.

64 Marie-Louise von Franz: Passio Perpetuae. Das Schicksal einer Frau zwischen zwei Gottesbildern. Zürich 1982, 79f.

65 Ebenda, 80.

66 Ebenda, 82.

67 Vgl. «Buch der Könige», AT, zum historisch-archäologischen Umfeld der Königin von Saba, siehe Gabriel Mandel: Das Reich der Königin von Saba. Bern 1980.

68 Gilles Quispel: Die Schwarze Madonna. Vortrag gehalten im Psychologischen Club, Zürich, am 18. Mai 1985.

69 JUNG: GW 16, 195.

70 JUNG: GW 5, 422.

71 JUNG und VON FRANZ: Graalslegende, 248.

72 HANS-JÖRG LEHNER: Die Ausgrabungen im Chor und in der Sakristei der Stiftskirche Einsiedeln. Mitteilungen des Historischen Vereins des Kantons Schwyz, 74, 1982, 7, dort auch eine Literaturübersicht zur allgemeinen Geschichte des Klosters, 6.

73 JOACHIM SALZGEBER: Das Haupt des heiligen Meinrad. Meinradsraben. 3/73, 1984, 4.

74 Ebenda, 4.

75 Ebenda, 5.

76 Ebenda, 6.

77 Ebenda, 7.

78 FREDERICK R. GUSTAFSON: The Black Madonna of Einsiedeln: A psychological perspective. Diploma Thesis, C.G.Jung-Institut, Zürich 1975 (unpubliziert), 36ff.

79 ETTER: St. Meinrad, 52–59.

80 Ebenda, 42–51.

81 Ebenda, 60–71.

82 MARIE-LOUISE VON FRANZ: Die Visionen des Niklaus von Flüe. Zürich 1983, 9f.

83 JUNG: Über Mandalasymbolik, GW 9/I, 373ff, siehe auch derselbe: Mandala, Bilder aus dem Unbewußten. Olten und Freiburg i.Br. 1985.

84 VON FRANZ: Die Visionen des Niklaus von Flüe, 11.

85 GUSTAFSON: The Black Madonna, 60ff. Er bringt eine ausführliche Amplifikation zu Schädeln im allgemeinen und zur Schädelreliquie im besonderen sowie zu deren symbolischer Bedeutung.

Hansueli F. Etter, Dr. phil. II, Unter-Rüeggental, CH-8344 Bäretswil

Gotthilf Isler

Der Schlangenkuss

Zur Erlösung des Weiblichen in den Volkssagen des Alpengebietes

Über die Emanzipation der Frau, wie sie unter uns leibt und lebt, kann ich Ihnen nicht viel sagen, was Sie nicht schon viel besser wüßten. Es geht mir hier um die Erlösung des Weiblichen in einem weiteren Sinne, um die Erlösung des weiblichen Prinzips im Gegensatz zum Männlichen, um die Erlösung des Archetyps des Weiblichen, der hinter aller Emanzipationsproblematik steht. Davon sind wir alle betroffen, Männer und Frauen, unsere ganze abendländische Kultur. Es handelt sich letztlich um eine religiöse Frage, um den weiblichen Aspekt des Gottesbildes. Wie Sie wissen, hat C.G. JUNG in seiner ‹Antwort auf Hiob› im Zusammenhang mit der Verkündung des Dogmas der Assumptio Mariae, der leiblichen Aufnahme Mariens in den Himmel, von der Notwendigkeit einer metaphysischen Repräsentation der Frau gesprochen. Die Gleichberechtigung der Frau verlange ihre metaphysische Verankerung in der Gestalt einer ‹göttlichen› Frau, der Braut Christi, und zwar verlange das Weibliche eine ebenso personhafte Vertretung wie das Männliche.[1]

Es gibt sehr viele Volkssagen, die von der Anerkennung und Erlösung dieses archetypischen Aspektes des Weiblichen handeln. Einige wenige möchte ich Ihnen hier vorlegen; vieles kann ich nur andeuten, vieles muss in einem kurzen Vortrag ungesagt bleiben.

Volkssagen sind Manifestationen des Unbewußten, ähnlich wie Träume. Sie entspringen oft parapsychologischen Erlebnissen, die an sich schon archetypische Einbrüche sind. Wo die Erlebnisse weitererzählt werden, oft über Generationen, da fallen die individuellen Nebensächlichkeiten weg; es bleiben diejenigen Motive, die alle oder viele interessieren, und zudem werden die Erzählungen laufend mit weiteren archetypischen Motiven des kollektiven Unbewußten angereichert, welche die jeweilige kollektive Bewußtseinseinstellung kompensieren. Wo Sagen noch erzählt werden, ist in ihnen ständig der lebendige Geist des kollektiven Unbewußten präsent. Man kann darum echte Volkssagen als kollektive Träume verstehen, als Träume einer größeren oder kleineren Sozietät: einer Erzählgemeinschaft, eines Dorfes, einer Talschaft. Weil die Sagen, wie sie bis in die letzten Jahrzehnte vor allem noch in ländlichen Rückzugsgebieten aufgezeichnet worden sind, von einer kirchlich-christlichen, im Alpenraum größtenteils katholisch erzogenen Bevölkerung erzählt wurden, kompensieren sie eine solchermaßen beschaffene und soweit christliche Bewußtseinshaltung, wie weit diese Erziehung über die Jahrhunderte hinweg eben erfolgreich gewesen ist. Sie werden aber bald sehen, daß diese Kompensation uns selber in allen Hauptzügen noch in gleich hohem Maße betrifft. Wir sind in gleich hohem Maße die Erben der ungelösten Probleme des Christentums, ob uns dieses Erbe lieb oder leid ist.

Lassen Sie mich mit einem Beispiel beginnen. In Haldenstein bei Chur (Graubünden) erzählte ein 78jähriger Mann:

> «Im alten Schloß hauste vor alters eine Jägerfamilie. Diese Leute sahen dann am Abend manchmal eine Jungfrau in einem weißen Kleid beim Brünnlein, beim Tröglein sitzen. Warum die Jungfrau erscheinen mußte, weiß ich nicht mehr recht.
>
> Am Abend spät kam dann einmal der Jäger von der Jagd heim. Als er beim Brünnlein vorbei kam zwischen elf und zwölf in der Nacht, stand die Jungfrau im weißen Kleid beim Brunnen und bat ihn, er solle ihr die rechte Hand halten bis um zwölf, und dann erlöse er sie. Es werde allerlei kommen, was ihm Angst mache: Kanonenkugeln kämen geflogen, und ein Ritter auf einem Roß haue mit dem Schwert auf ihn los. Er solle aber nur ihre Hand fest halten, es geschehe ihm nichts. Wenn er sie nicht erlöse, so müsse sie warten, bis in der (bestimmten) Stunde ein Zapfen von einer Tanne falle und dieser Zapfen zu einer Tanne gewachsen sei und daraus eine Wiege gemacht worden sei für einen andern, der sie erlösen könnte.
>
> Und der Jäger hielt ihr dann die Hand und erlöste sie. Dann sagte sie zum Jäger: sie habe kein Geld, sie helfe ihm dann im Haushalt.
>
> Da erkrankte dem Jäger ein Kind auf den Tod. Da sei diesem in der Nacht die Jungfrau erschienen, und das Kind habe dann erzählt, sie habe ihm einen Kuß gegeben. Und da wurde das Kind gesund. So dankte die Jungfrau dem Jäger, daß er sie erlöst hatte.»[2]

In dieser Sage ist mit wenigen Worten geschildert, was den Mann erwartet, wenn er seine Seele, seine Anima ernst nimmt und buchstäblich «zu ihr hält», was für Gefahren ihm auch begegnen sollten: sie wird erlöst aus einem bis dahin leidenden Zustand und wird selber hilfreich, sie hilft dem erkrankten Kind. Dieses kann subjektstufig verstanden werden: die Bezogenheit auf seine Seele heilt im Mann das, was in umfassendstem Sinn ‹Zukunft› bedeutet. Das Kind ist ein Symbol des Selbst als ein ‹Werdendes›. Das Kind kann auch objektstufig gedeutet werden: ein Vater, der zu seiner Seele steht, der dem Animaproblem nicht ausweicht, wird zum Segen für seine wirklichen Kinder, besonders für seine Töchter.

Das Animaproblem ist für den Mann das der Liebe. Er erlebt die Anima zuerst außen, in der Projektion. Solche Erlösungssagen aber sagen richtig, daß es ein geistiges, ein religiöses Problem ist: es handelt sich um eine Auseinandersetzung mit einem Geist, einer archetypischen Gestalt. Es ist in dieser Sage nicht eine profane Liebesgeschichte erzählt, eine Beziehung dieses Jägers zu einer wirklichen Frau. Wenn Sie an JUNGS ‹Theoretische Überlegungen zum Wesen des Psychischen› denken, befinden wir uns in der Sage nicht am roten Ende des Farbspektrums, sondern am violetten Ende. Die meisten Sagen zeigen, was auf der archetypischen Seite des psychischen Erlebens geschieht. JUNG hat an diesem Ort darauf hingewiesen, daß der Trieb nie durch ein Absinken in die Triebsphäre assimiliert und integriert wird, sondern nur durch psychische Introversion, das heißt durch Hinwendung zum inneren Bild. Sagen wie diese handeln also von der Integration der Anima[3], ein Problem, das sich im allgemeinen erst nach der Lebensmitte stellt.

Selbstverständlich werden Sagen wie die vorliegende auch von Frauen erzählt oder wenigstens gehört und haben auch für die weibliche Psychologie ihre Bedeutung. Die Erlösung der Schloßjungfrau müßte für eine Frau mit der Annäherung an den Archetyp des Selbst zu tun haben; der Jäger verkörperte dann eine richtige Haltung dem archetypisch Weiblichen gegenüber, eine richtige Geisteshaltung in der Begegnung mit dem Selbst.

Wie Fluch oder Segen vom Mißlingen oder Gelingen der schweren Aufgabe vom Vater abhängen, ist in einer Wallisersage sehr schön gezeigt:

«Am Brigerberg wachte ein vornehmes Fräulein über einen großen Schatz und wartete darauf, bis ein reiner Jüngling sie bis zu einem gewissen Ziel auf dem Rücken tragen und so erlösen könne. Wer sie erlöse, würde den Schatz bekommen und bis zum 9. Grade – zur 9. Generation – glücklich sein. Sie würde aber immer schwerer werden und zuletzt so schwer, daß der Träger meine, ein ganzer Berg liege auf ihm. Einer versuchte sie aus Geldgier zu erlösen. Bevor er sie auf den Rücken nahm, bat ihn die Jungfrau flehentlich, es nicht zu wagen, wenn er sie dann doch fallen lasse, sonst mache er beide unglücklich. Er versuchte es dennoch, die Jungfrau wurde ihm aber so schwer, daß er sie fallen lassen mußte. Sie weinte, daß Berg und Tal davon ertönten und verwünschte ihn. Wirklich sei diese Familie bis zum 9. Grad unglücklich gewesen.

Endlich kam dann doch einer, um sie zu erlösen, nicht aus Geldgier, sondern um Gutes zu tun und den Schatz meist unter die Armen zu verteilen. Er habe die Geisterbraut glücklich zum Ziel getragen. Sie stand in einem schneeweißen Kleid vor ihm, schön wie ein Engel, dankte ihm und prophezeite, daß er und seine Nachkommen bis zum 9. Grad glücklich sein werden. Dann fuhr sie wie eine schneeweiße Taube zum Himmel auf.»[4]

In dieser Wallisersage sind zwei grundverschiedene Einstellungsmöglichkeiten zum Problem der Anima und der Liebe dargestellt. Es gibt viele Sagen dieser Struktur, in denen einer das Richtige, der andere das Falsche tut. Es sind immer Beispielserzählungen dafür, wie man sich gegenüber den jenseitigen Wesen, das heißt psychologisch gegenüber den archetypischen Gestalten des Unbewußten richtig einzustellen hat.

Die Auseinandersetzung mit dem Unbewußten kann aus unlauteren Absichten geschehen. Mancher verspricht sich einen ‹Nutzen› davon, er nimmt einen Nützlichkeitsstandpunkt ein. Er beachtet zum Beispiel seine Träume, damit sein neurotisches Symptom verschwindet, weiter interessiert er sich nicht für seine Seele. Ein anderer möchte Macht über das Unbewußte oder indirekt über andere Menschen erlangen. Auch der praktische Psychotherapeut ist (wie es die Schamanen auch waren) immer wieder in Versuchung, dem Machtteufel zu verfallen, so wie hier einer die Jungfrau aus Geldgier erlösen wollte. JUNG deutete im Kindertraumseminar 1940/41 einen Traum von CARDANUS, in welchem die Frage gestellt wird, ob einer eine Frau mit einer Mitgift von 6000 Pfund heiraten solle oder eine solche ohne Mitgift. JUNG führte dort sehr schön aus, wie die Anima des Mannes mit der Art des Begehrens zu tun hat, wie sie ein Beziehungssystem ist, ein erotisches Beziehungssystem. Er fuhr weiter: «Wie heißt es bei DANTE? ‹– Dem Pfad der Liebe folg' ich sinnend ...› Also dort finden Sie die Schilderung, wie DANTE seiner Anima, das heißt der Erwartung seiner Liebe folgt *um* der Liebe willen, nicht um zu Reichtum zu kommen, sondern aus Selbstzweck. Wer also der Anima aus Selbstzweck folgt, dem ist sie Beatrice, dem wird sie zur Brücke, dem wird sie zum Übergang, weil sie ja Beziehungsfunktion ist, und zwar Beziehung zu dem, was Liebe an sich ist. Wenn er sie aber liebt um ihrer Mitgift willen, um dessentwillen, was sie ihm verschaffen könnte, dann schaltet er eigentlich den Eros aus und verwandelt ihn unter der Hand in Macht. Dann begehrt er die Macht.»[5]

Genau dieses Problem ist in unserer Sage aus dem Wallis und in vielen Erlösungssagen dargestellt. Fast schwankhaft erzählte eine 80jährige Frau aus Bürglen (Uri):

> «In der Alp Franzen ob Flüelen ist eine Jungfrau (...) verwünscht. Wenn ein Jüngling sie anredet und aufrichtig zu ihr sagt: ‹Ich begehre die Jungfrau zur Ehe und das Geld dazu›, so kann er sie erlösen. Einer, der es mehr auf das Geld als auf die Jungfrau abgesehen hatte, sagte zu ihr, indem er sich verplapperte: ‹Ich begehre das Geld zur Ehe und die Jungfrau dazu.› In diesem Augenblick hörte er einen schweren Geldsack platschend herunterplumpsen, und die Jungfrau schrie: ‹Jetzt kann ich in Ewigkeit nie mehr erlöst werden.›»[6]

Wenn in vielen Sagen von der Erlösung der Jungfrau für so viele Generationen Glück oder Unglück abhängen, so muß dieser Tat ein grundsätzlich richtiges oder verfehltes Leben entsprechen. Gleich wie Gott auf dem Sinai Moses drohte, die Schuld der Väter heimzusuchen bis ins dritte oder vierte Geschlecht an den Kindern derer, die ihn hassen, aber Gnade üben wollte bis ins tausendste Geschlecht an den Kindern derer, die ihn liebten und seine Gebote hielten (2. Mose 20,5), so beruht die Erlösung der Jungfrau wohl auf einem grundsätzlichen Befolgen des ‹Gotteswillens›, das heißt der seelischen Naturgesetze.

Das Erlösungswerk gehört zum oder ist das ‹Mysterium coniunctionis›, die Vereinigung der Gegensätze, die Vereinigung des Bewußtseins mit dem Unbewußten. Das Tragen der Jungfrau heißt wohl, daß einer sich dem Unbewußten zuwendet und diese seine unbewußte

Seele trägt und erträgt mit allen Konsequenzen, die eine solche Haltung mit sich bringt. Es heißt, daß einer nicht versucht, sein Leben allein mit seinem Bewußtsein und seiner Vernunft zu meistern, abgespalten von seinen seelischen Wurzeln. So wandelte sich in der Sage seine Seele aus einem leidenden, eben unerlösten Zustand in eine Frau, die schneeweiß vor ihm stand, schön wie ein Engel. Dieses Weißwerden entspricht im alchemistischen Prozeß der albedo. Diese, die ‹Weißung›, folgt auf die nigredo, die Schwärze, die durch Melancholie und Depression charakterisiert ist und einem Zustand entspricht, wo einer im Leben einfach nicht mehr weiter sieht und keine Hoffnung auf irgendeinen Ausweg mehr hat. In vielen Sagen dauert das Erlösungswerk eine Nacht, oder drei Nächte. Die albedo, das Weißwerden, kündet die neue Morgendämmerung nach der dunklen Nacht, die Ankunft des neuen Lichts. Sie bedeutet Erleuchtung durch das Unbewußte, ist Sinngebung durch das Unbewußte. Nur wenn wir die Depression, das Nicht-mehr-weiter-Wissen ganz durchstehen bis zum Ende, erscheint aus der Dunkelheit das neue Licht.

Die Jungfrau hat sich in der Sage gewandelt: sie schenkt den Schatz, den sie gehütet hat, das heißt, die Anima ist zur inneren Führerin geworden, welche die Verbindung zum Unbewußten und damit zum Selbst vermittelt. Die Erlösung der Anima ist darum die Vorstufe zur Ganzwerdung, zur Individuation. Es gibt Sagen, in denen die erlöste Jungfrau schließlich geheiratet wird, wo also eine dauerhafte Beziehung zwischen dem Ich und der Anima etabliert wird. In vielen Erlösungssagen aber fliegt die erlöste Seele schließlich wie hier als weiße Taube zum Himmel. In christlichem Sinn bedeutet dies das Seligwerden der armen Seele und wird vom Volk auch so verstanden.

Psychologisch ist das schwierig zu verstehen. Die Taube entschwindet in die Ewigkeit. Ich glaube, man sollte das ernst nehmen. Es ist, wie wenn die Anima dadurch, daß sie Beziehungsfunktion geworden ist, ihre Aufgabe erfüllt hätte. Sie hat dem Bewußtsein den Zugang zum Schatz, zum vorher unbewußten Selbst vermittelt und verschwindet erlöst ins Jenseits, an den Ort der ewigen Ideen, ins Unbewußte. JUNG schreibt in den ‹Erinnerungen›, daß er die Anima als Vermittlerin der Inhalte des Unbewußten schließlich nicht mehr brauchte, daß er den Sinn der inneren Bilder aus seinen Träumen direkt ablesen konnte.[7] Das wäre der Zustand, in dem einer im Besitz des Schatzes ist.

Die Taube erscheint als die Essenz oder Wandlungsform der Jungfrau. In der Alchemie war die weiße Taube der Geist der Materie, eine

Form des Mercurius[8]; sie war identisch mit dem Heiligen Geist und der sapientia, der Weisheit, überhaupt mit dem Weiblichen, auch mit Maria[9]. Mir scheint, daß die weiße Taube, Symbol der himmlischen Liebe und des spiritus sapientiae, wohl der ewige Aspekt der Liebe oder des weiblichen Prinzips überhaupt ist. Daß sie in den Himmel entfliegt, entspricht eigentlich der Assumptio. Ich könnte mir auch vorstellen – aber das sage ich nicht gern, weil ich darüber nichts weiß – daß diese Taube im Tod wieder ihre Rolle spielen könnte.

Ein Mensch, der seine Seele ernst genommen hat und ganz geworden, vollständig geworden ist, ein solchermaßen Individuierter bringt seinen Nachkommen auf viele Jahre Glück und Segen. Wir wirken auf unsere Umgebung nicht durch das, was wir sagen und beabsichtigen, sondern durch das, was wir sind. JUNG hat immer wieder darauf hingewiesen, und er schrieb in diesem Zusammenhang, die Eltern «sollten sich um ihrer Kinder willen eine Pflicht daraus machen, ihre inneren Schwierigkeiten nicht zu vergessen. Sie sollten sich nicht erlauben, in billiger Weise zu verdrängen und vielleicht schmerzhafte Auseinandersetzungen zu umgehen. Das Problem der Liebe gehört zu den großen Leiden der Menschheit, und niemand sollte sich der Tatsache schämen, daß er seinen Tribut daran zu zahlen hat.»[10] Was für die Eltern in bezug auf ihre Kinder gilt, das gilt auch für uns Analytiker in bezug auf unsere Analysanden, die sich uns anvertrauen. Die vollständige Individuation mag ein Ziel sein, das wir im Tod erreichen; wir sind immer nur unterwegs. Das Wesentliche ist wohl, daß einer sein Kreuz auf sich nimmt, das heißt seinen Gegensätzen nicht ausweicht. An dieser Tatsache kommt keiner von uns vorbei. Was jetzt zum Beispiel in zunehmendem Maße an unseren Instituten so wichtig genommen und in einer großen Zahl von Vorschriften reglementiert wird, ist völlig belanglos im Vergleich zu dem, daß einer sich ehrlich und tapfer seiner Seele zuwendet und diese Konfrontation durchsteht. Was nützen fünfhundert Analysestunden bei einem Analytiker, der selber keine Beziehung zum Unbewußten hat, der selber nie gelernt hat, auf seine Träume zu achten oder, wenn er auf sie achtet, sie mittels irgendeiner Ideologie erledigt? Es soll auch Analytiker geben, die nach ihrer Diplomierung ihre persönliche Analyse für abgeschlossen halten.

Wie Sie gesehen haben, schildern Volkssagen keinen ins Einzelne gehenden Wandlungsvorgang, wie er vielleicht in alchemistischen Traktaten oder auch in Volksmärchen zu finden ist. Sagen nennen nur das Prinzipielle: die Art, wie einer sich einstellen muß zur schwersten

Aufgabe, und was ihn dabei erwartet. Was in den Sagen eine Stunde oder eine Nacht dauern kann, dauert in Wirklichkeit vielleicht ein halbes Leben, oder ein ganzes. Es gibt Sagen, in denen einer ergraut, während er einen Geist erlöst, oder er stirbt wenige Tage später. Mit der Vollendung des Werkes ist das Ziel des Lebens erreicht.

Die Erlösung der Jungfrau ist tatsächlich eine schwerste Aufgabe, oft eine Aufgabe auf Tod und Leben. In jeder Sage ist oftmals nur ein Aspekt hervorgehoben, eine Gefahr ganz besonders betont, in welcher der Erlöser dann auch meistens versagt. Die Hauptsache in all diesen Sagen ist, daß einer sich durch gar keine Gefahr ablenken läßt, daß er unentwegt am Ziel der Erlösung festhält. Manch einer hielt furchtlos die größten Gefahren aus, strauchelte aber zum Schluß an einer Kleinigkeit. So ließ sich ein Jüngling im Burghof des Schlosses Jörgenberg (Graubünden) eine Nacht lang durch nichts ablenken. «Doch gegen Morgen ging sein Oheim mit der Milchbrente am Rükken an der Burgmauer vorbei und rief: ‹Bist du noch da, Thomas? Komm mit, es ist Zeit zum Füttern!› Da drehte sich der Jüngling nach ihm um, und sogleich vernahm er einen Schrei aus den Burggewölben. Der Augenblick des Wegblickens und des Achtens auf eine Stimme von draußen war eine Verfehlung. Unten im Turm hörte er durch einen furchtbaren Lärm rufen: ‹Jetzt muß ich noch einmal lange, lange warten, bis ich wieder um meine Erlösung bitten kann!› . . .»[11]

«Es ist Zeit zum Füttern!» Er mußte dem Vieh Futter geben. Da können wir uns wohl alle an der Nase nehmen. Wie oft haben wir doch so unendlich viel Wichtigeres zu tun, als unsere Seele ernst zu nehmen! Als etwa über unseren Träumen zu brüten, ein Bild zu malen, Aktive Imagination zu machen, die Depression auszuhalten. Wir erliegen so gerne der Verlockung durch die äußere Realität. Ein Freund läutet an – und schon wissen wir, wie wir den Abend verbringen. Eine Sitzung ist angesagt – was gibt es Wichtigeres als eine Sitzung? usf. Bei Schlanders im Tirol sah einst ein Taglöhner bei der Feldarbeit eine schön geschmückte Frau ihn von den Zinnen des Schlosses Montan herunter anblicken. Er wurde aber zum Mittagessen gerufen. Die Frau winkte ihm, heraufzukommen, aber er wagte es nicht, ihrem Winken zu folgen «und ging fort. Da hörte er ein Knarren und Krachen, ein Weinen und Schluchzen, daß er sein Lebtag nichts solches gehört hatte. Seit dieser Zeit wurde von dieser Frau nichts mehr gesehen oder gehört, und das Volk ist sehr unzufrieden mit dem Taglöhner (. . .). Denn man glaubt, wenn er hinaufgegangen wäre, so hätte er sie gewiß erlöst.»[12] Diese Leute wußten offenbar noch, daß die Magenfrage nicht das einzige Kriterium des Lebens ist. Wie viele wissen heute überhaupt noch, daß es so etwas wie eine Seele gibt?

Ich kann Sie nicht ermüden mit Beispielen, wie einer wegen einer Kleinigkeit die Erlösung der Jungfrau verfehlte. Solche Kleinigkeiten ließen sich ja bei einiger geistiger Wachheit bewältigen, sollte man denken. Etwas anderes ist es bei den großen Gefahren und den großen Mühseligkeiten des Werkes. Etwa wenn während des opus sich Erdbeben ereignen[13] oder Felsen und Berge herunterzukrachen beginnen[14]. Diese Naturkatastrophen entsprechen den gewaltigen Emotionen, die das Bewußtsein bei der Konfrontation mit dem Unbewußten erschüttern. Es ist das gleiche Erleben, wie JUNG es hatte, als er begann, in Aktiver Imagination sich direkt mit dem Unbewußten auseinanderzusetzen. «Ich stand hilflos in einer fremdartigen Welt, und alles erschien mir schwierig und unverständlich», schreibt er in den ‹Erinnerungen›. «Ich lebte ständig in einer intensiven Spannung, und es kam mir oft vor, als ob riesige Blöcke auf mich herunterstürzten. Ein Donnerwetter löste das andere ab. Daß ich es aushielt, war eine Frage der brutalen Kraft.»[15] Erst als es ihm gelang, die hinter den Emotionen verborgenen Bilder wahrzunehmen, trat innere Beruhigung ein.

Die Erlösungs- und auch allgemein die Schatzhebungssagen berichten auf die mannigfachste Weise von diesem Ansturm des Unbewußten. Manchmal hat man den Eindruck, wie wenn das Unbewußte selber auf jede Weise die Bewußtwerdung verhindern möchte. Es ist oftmals, wie wenn die psychische Ganzheit, das Selbst in seinem negativen Aspekt drohend als höchste Gefahr über dem Unternehmen stehen würde. So etwa, wo ein Mühlstein an einem dünnen Faden über dem Erlöser baumelt, und wenn dieser – oft entgegen der ausdrücklichen Weisung der zu erlösenden Frau – hinaufschaut, sieht er, wie sie mit einer Schere den Faden durchzuschneiden droht. Die gleiche Frau weint aber steinerweichend, wenn der Erlöser dann von Panik ergriffen entflieht.[16]

Auch das Tragen der Jungfrau, wie in der erwähnten Sage aus dem Wallis, gehört zu den schwersten Aufgaben, die in Varianten oft an die Legende des heiligen Christophorus erinnern. Als dieser das Christuskind über den Fluß trug, wurde ihm dieses auf den Schultern so schwer, daß ihm die ganze Welt zu tragen nicht schwerer gewesen wäre. Auch wuchs das Wasser, durch das er Christus trug, höher und höher, «also daß er in große Angst kam und fürchtete, er müßte ertrinken.»[17] Wie der Walliser Unheld glaubte, ein ganzer Berg liege auf ihm, so meinte auch ein Urner Ratsherr, der eine Frau zur Erlösung ein Stück weit tragen mußte, wie Christophorus, «er trage die ganze Welt und müsse einfach einmal abstellen»[18], und in einer Sage aus dem Allgäu brachte das Tragen der Jungfrau einen Retter in Todesangst, weil er meinte, durch tiefes Wasser zu waten und ertrinken zu müssen[19].

Christophorus hat Gott getragen. Das Tragen Gottes entspricht psychologisch als schwerste Aufgabe dem Tragen des Selbst, der psychischen Ganzheit, dem Tragen und Ertragen seiner selbst.[20] Vermutlich ist auch das Tragen der Anima in unseren Sagen so schwer, weil hinter ihr das Selbst steht.

Besonders eindrücklich (und weit verbreitet) sind die Sagen vom Schlangenkuß. Ein 80jähriger erzählte in Danis (Graubünden):

> «In Truns waren junge Leute in einem Tanzsaal beisammen. Da kam eine fremde Jungfrau herein. Einer fand Gefallen an ihr, tanzte mit ihr und wollte sie küssen, aber sie ließ es nicht geschehen. Sie sagte: er könne sie schon küssen, wenn er mit ihr ins Schloß *(si casti)* komme noch diese Nacht. Und er ist hinauf gegangen. Da erschien um Mitternacht eine große, schreckliche Schlange. Die ist aus dem Turm heraus gekommen und hat gegen ihn gezüngelt. Da ist er geflohen, und er hat noch gehört, wie die Jungfrau, es war ihre Stimme, einen Schrei ausstieß und gerufen hat: nun sei sie verloren! Aber die Schlange war zu ungeheuer und zu häßlich, er hatte Angst bekommen. Ich weiß nicht, wie viele Jahre die Jungfrau nicht wieder gesehen worden ist.»[21]

In Varianten muß die Schlange dreimal geküßt werden, wobei sie jedesmal größer und schrecklicher erscheint. Häufig ist auch das Küssen einer Kröte gefordert, oder es tritt eine Folge von drei Tieren auf, wobei manchmal die Schlange noch geküßt wird, aber nicht die Kröte. Andere wagen es bei der Kröte, nicht mehr bei der Schlange. Im Wallis ist neben andern die Stufenfolge Kröte – Schlange – Löwe oder Schlange – Kröte – Löwe verbreitet. Daß es sich nicht zuletzt um einen Pakt mit dem Bösen handelt, zeigt eine Erzählung aus dem Kanton Uri:

> «Ein Bursche hätte eine verwünschte Jungfrau erlösen können, wenn er ihr drei Küsse gegeben hätte. Sie erschien ihm zuerst als der schönste Mensch; er küßte sie, und nun stand auf einmal der

häßlichste Mensch vor ihm. Er küßte auch diese Gestalt, aber mit Unwillen und Widerstreben; da war der Mensch verschwunden, und vor dem Burschen reckte sich der leibhaftige Teufel. Nun erfaßte ihn der Schrecken und trieb ihn in die Flucht. Jetzt verschwand auch die Teufelsgestalt, und es war wieder die Jungfrau, die nun wehklagend davonging.»[22]

Den schönsten Menschen küssen – so weit sind wir alle. Den häßlichsten Menschen in uns annehmen: das fällt uns schon gewaltig schwer. Es geht da um den persönlichen Schatten, um all die ekelhaften Eigenschaften, die ich so leidenschaftlich gern an den andern verdamme und bespucke. Denken Sie nur einen Augenblick darüber nach, was Sie an Ihren bestgehaßten und verachteten Berufskollegen so empört und aufregt – wenn's Ihnen geht wie mir, haben Sie ein recht unverdauliches Stück Schatten zu integrieren. Zuletzt der Teufel: das geht über das Persönliche hinaus, das ist das Gottesproblem, die dunkle Seite Gottes.

Mit dem Teufel sind wir wieder bei der Schlange, die ja schon in der Paradiesesgeschichte unsern Ureltern vom Baum der Erkenntnis zu essen gegeben hat. Das Wissen um Gut und Böse ist ein Wissen um die letzten Prinzipien Gottes. Weil sie von diesem Apfel gegessen hatten, konnten sie nicht mehr im Zustand glücklicher Unbewußtheit bleiben. Wenn wir also diese Schlange zu küssen haben, so bedeutet das, daß wir uns mit der Vertreibung aus dem Paradies der Unbewußtheit versöhnen müssen, daß wir ja sagen sollen zum Bewußtwerden und wirklich Erwachsenwerden. Zwar haben die Kirchenväter, als erster AUGUSTIN, schon lange von der felix culpa, der glücklichen Schuld von Adam und Eva gesprochen, weil diese Schuld das ganze Heilsgeschehen mit Christus nach sich gezogen hatte. Darum wohl wird in der Messe der Osternacht immer noch die glückliche Schuld Adams erwähnt. Aber dieses Heilsgeschehen hat nie die Versöhnung mit der Schlange im Paradies gebracht, sondern die Spaltung zwischen Oben und Unten noch ins Unermeßliche verschärft. Der Schlangenkuß bleibt unsere ungelöste Aufgabe.

Historisch ist das Motiv in unserem Kulturkreis zum erstenmal im 13. Jahrhundert im Lanzelet des Ulrich von Zazikhofen (das ist Zäzikon im Thurgau) faßbar. Lanzelet wagte dort den Kuß, und er erlöste damit die zur Strafe für ein Liebesvergehen in einen Wurm verwandelte Elidia, die schöne Tochter eines Königs von Thule.[23] In den Sagen ist die zu erlösende Schatzhüterin manchmal ein Naturwesen, das an einer

Quelle oder sonst einem Gewässer sitzt oder sonst in der Natur angetroffen wird. Häufiger aber ist sie eine Schloßjungfrau, die Gemahlin oder Tochter eines Ritters. Diese erinnern an die Zeit des Frauendienstes, an die Minnesänger im 12. und 13. Jahrhundert. Der Frauendienst entwickelte sich wohl kompensatorisch zur damals überbetonten Wertschätzung der ritterlichen Männlichkeit.[24] Es war ein tatsächlicher ‹Seelendienst›: die Beziehung zur Frau wurde individueller, differenzierter; es entwickelte sich eine geistigere Auffassung der Erotik. Das bedeutete eine Entwicklung, eine Differenzierung der Anima beim Mann und eine Werterhöhung der Frau überhaupt. Von der Kirche wurde dann der Frauendienst übergeleitet in eine gesteigerte Marienverehrung. Die Differenzierung der individuellen Beziehung zur Frau wurde damit abgebrochen. Wie Sie wissen, bringt JUNG in den ‹Psychologischen Typen› die gesteigerte Marienverehrung direkt mit dem damals beginnenden Hexenwahn in Verbindung.[25] Kurz gesagt: alles Lichte, Reine, Heilige wurde in Maria verehrt, alles Böse, Fleischliche, Sündige, Unheimliche des weiblichen Gottesbildes auf die irdische und individuelle Frau projiziert. Seither leidet das Weibliche, leidet vor allem der Teil des Weiblichen, der in Maria nicht enthalten ist: seine naturverbundene und dunkle Seite. Er spukt als Totengeist bei unzähligen Burgruinen.

Die Schlange, als welche diese Frau erscheint und geküßt werden soll, symbolisiert aber keineswegs nur das Dunkle und Böse, wie ja auch schon die ‹alte Schlange› im Paradies das Licht des Bewußtseins gebracht hat. Die Schlange verkörpert immer beides: Niederstes und Höchstes, Teufel und Christus, kalte, unmenschliche Triebhaftigkeit und höchste Weisheit.[26] In der Alchemie war sie der serpens mercurialis, in dem JUNG den lebendigen Geist des Unbewußten erkannt hat. Der Geist Mercurius konnte das tödlichste Gift sein oder das allesheilende Pharmakon, das gar die Unsterblichkeit verlieh. Die Schlange als das ‹göttliche Wasser› bedeutete den deus absconditus, den in der Materie verborgenen Gott.[27]

Gedenktafel im Dom zu Bremen mit dem Motiv der felix culpa: *Das Kreuz Christi wächst aus dem Baum der Erkenntnis empor (1547)*

Die Schlange ist das Prinzip,
das alle Dinge zur Reifung
und Vollkommenheit bringt. — C. G. JUNG

I·N·R·I
Anno domini·15·4·7·die·14·novẽbris obyt venerādus
et nobilis dn̄s segebado cluver senior huius ecclesiae et
praepositus zu wildeshūse cuius anima requiescat in pace

Schlangenträume sind ja recht häufig. «Wann immer eine Schlange erscheint», hat JUNG in einem Traumseminar 1929 gesagt, «symbolisiert sie ein Stück unserer instinktiven Psychologie, das einfach unnahbar ist, etwas von furchtbarer Macht, ein Ding, das unerbittlich ist und mit dem wir keine Kompromisse machen können ...»[28] – «Wann solch ein monstruöses Tier in einem Traum erscheint, wissen wir, daß etwas aus dem Unbewußten auftaucht, das nicht durch Willenskraft beeinflußt werden kann. Es ist wie ein Schicksal, das nicht abgewendet werden kann.»[29] Im Kindertraumseminar 1939/40 wurde der Traum eines 10jährigen Mädchens besprochen, in welchem das Mädchen von einer Schlange verfolgt wurde. Es hatte Angst, von ihr gebissen zu werden. JUNG sagte dazu: «Das ist oft so, daß man Angst hat vor dem, was sein muß, was im tiefsten Sinne zu einem gehört. Man hat Angst davor, und will es doch zugleich auch. Die Angst sollte man eigentlich ans Herz drücken und sagen: ‹Das ist doch gerade das, was ich will.› (. . .) Weil es Schicksal ist, hat man Angst davor. In letzter Linie hat man immer Angst vor sich selber; ich meine nicht vor dem Ich, sondern vor dem ‹Es›[30], dem *Selbst.* Da hat man mit Recht Angst, denn das ist eine Übermacht, von der man weiß: ‹Sie gehört zu mir, und ich gehöre zu ihr.› Die beiden gehören zusammen. Und doch ist es furchtbar.»[31] Es gibt von JUNG ein Bild, auf eine Wand gemalt: eine Schlange sperrt gegen den Betrachter ihren schrecklichen Rachen auf, wie wenn sie ihn verschlingen wollte. Im Maul drin aber strahlt ein hellstes Licht.

In Flums (St. Gallen) wurde 1968/69 von einem 80jährigen Mann erzählt:

> «Es war nach der großen Pest. Da habe ein Großberger auf Portels drüben eine Jungfrau gesehen. Auf dem Bettlerbühl sei sie gestanden und habe ihm gewinkt. Er solle kommen. Auf dieses Zeichen hin sei er über das Schilstobel an den Kleinberg hinüber. Erst als er über das Leiterchen beim Heidenschlößchen hinauf sei, habe er gesehen, wie ein bildschönes Mädchen das gewesen sei. Es sei schon vor langer Zeit gestorben, habe es gesagt, und müsse im Tobel unten wandeln, bis es erlöst werde. Er wäre es imstande, wenn er wolle und den Mut habe. Es sei nicht schwierig. Nur auf eines müsse er achten: was auch gehe, er solle nicht erschrecken und anfangen zu ‹jessnen› (Jesus anzurufen). Aus Erbarmen, und wahrscheinlich auch, weil es ein so schönes Mädchen war, sagte der Berger, er wolle es versuchen. Darauf seien die zwei jungen Leute ins Tobel hinunter miteinander. Und was kommt? Eine Schlange! Die sei auf den Burschen los und an ihm hinaufgekro-

chen, ringsherum, bis an den Hals, daß es ihm fast den Atem genommen hat. Als sie ihn derart umhalste, soll die Schlange so heiß geworden sein, daß er es nicht mehr länger ertragen und einen Schrei ausgestoßen habe. Die Jungfrau müsse jetzt wieder warten, bis der nächste komme, der sie erlösen kann. Und das könne Jahre gehen ...»[32]

In Varianten ist der starke Druck der Schlange um den Hals nicht auszuhalten[33], in andern ihre Eiseskälte[34].

In JUNGs Visionenseminar (1930/34) ist eine ganz ähnliche Aktive Imagination einer jungen Frau geschildert. Die Frau war in einen tiefen Brunnen hinuntergestiegen bis auf den Grund. Dort lagen ein Mann und eine Frau, um die sich eine Schlange gewunden hatte. «Als ich hinuntergekommen war, kam die Schlange auf mich zu und sagte: ‹Auch um dich werde ich mich schlingen.› Ich sagte: ‹Aber ich bin allein.› Dann wand sich die Schlange um meinen Körper und legte ihren Kopf gegen mein Gesicht. Ich sah, daß sie eine Krone auf ihrem Kopf trug und goldene Ringe um ihren Leib. Ich schaute in die Augen der Schlange, legte meine Arme um sie und sagte: ‹Schlange, du bist schön für mich.› Dann fiel die Schlange ab. Ich stieg aus dem Brunnen.» JUNG erinnerte in der nachfolgenden Diskussion an die Eleusinischen Mysterien, in welchen der Initiand eine Schlange küssen mußte, was eine Art von Vereinigung bedeutet habe und sagte: «So ist diese Zeremonie auf dem Grunde des Brunnens die Vereinigung des göttlichen Prinzips, welches durch die Schlange repräsentiert wird, mit der Patientin ... Sie ist für einen Moment im Besitze Gottes ...»[35] Es gibt übrigens ziemlich viele Volkssagen, in denen statt eines Mannes ein Mädchen oder eine Frau zur Erlösung einer Jungfrau die Schlange küssen oder sich von ihr umwinden lassen sollte. Wie gesagt, ist die Erlösung des Weiblichen ebenso eine Aufgabe der Frau.

Im ‹Aion› faßt JUNG die psychologische Bedeutung der Schlange zusammen: sie entspricht «dem gänzlich Unbewußten und Bewußtseinsunfähigen, welches aber als kollektives Unbewußtes und als Instinkt eine eigentümliche Weisheit und ein oft als übernatürlich empfundenes Wissen zu besitzen scheint. Dies ist der ‹Schatz›, den die Schlange (respektive der Drache) hütet, und zugleich der Grund, warum sie einerseits das Böse und die Dunkelheit, andererseits aber Weisheit bedeutet. Ihre Unbezogenheit, Kälte und Gefährlichkeit drücken die Triebhaftigkeit aus, welche rücksichtslos grausam und unerbittlich sich über moralische und sonstige menschliche Wünsche und Bedenken hinwegsetzt und darum ebenso erschreckend und faszinierend wie der plötzliche Anblick einer gefährlichen Giftschlange wirkt.»[36]

Der Schlangenkuß in der Volkssage bedeutet also ungefähr folgendes: er ist das Akzeptieren, das bewußte Annehmen – Aug in Auge – des Gotteswillens, wie er sich im Triebe einerseits und ebenso im absoluten Wissen des kollektiven Unbewußten andererseits ausdrückt. Der Schlangenkuß ist ein Sichstellen diesem objektiven und unerbittlichen Gegenüber, vor dem wir Todesangst haben und doch nicht ausweichen dürfen. Er ist das Gegenteil aller Ichhaftigkeit: er ist das Annehmen des Objektiv-Psychischen, des Selbst in einer Form, die wir fürchten, begegne es uns außen oder innen.

JUNG hat oftmals vom ‹Schlangenweg des Unbewußten› gesprochen. Wir wollen das Leben immer selber machen, gestalten nach unserem Kopf oder Herzen, nach unserem Willen oder nach unserem Gutdünken. Das Selbst oder das Schicksal dagegen führt uns auf einem Schlangenweg dorthin und dort hindurch, wo wir etwas zu erfüllen und zu erleiden haben, um unser Lebensziel zu erreichen. Der Schlangenkuß ist darum auch das Annehmen des Schicksals, das wir nicht machen; er ist umgekehrt eine Absage an die Machbarkeit des Schicksals. Der Schlangenkuß schließt in sich das Ertragen des unverständlichen höheren Willens, des Gotteswillens.

Man könnte sagen, die Schlange weiß, warum sie uns diesen Weg führt. Sie ist die Wissende, nicht das Ich. Aber es ist ein Wissen, ein Licht, eine Offenbarung von unten, eine Offenbarung nicht aus der Heiligen Schrift, sondern aus dem ‹Buch der Natur›. PARACELSUS hat vom *lumen naturae,* vom ‹Licht der Natur› gesprochen. Das lumen naturale, das natürliche Licht, das heißt die Erkenntnis aus der Natur, kannte man damals schon einige Zeit. PARACELSUS aber hat gesehen, daß es nicht nur in der äußeren Natur, sondern auch im Innern des Menschen zu finden ist.[37] Dieses ‹Licht der Natur›, eben das von JUNG so genannte ‹absolute Wissen› des kollektiven Unbewußten, das heißt das vom Bewußtsein losgelöste Wissen des Unbewußten, ist in vielen Schlangensagen verkörpert im Schatz, den die Schlange hütet, oder in der Krone, die sie trägt und wohlwollenden Menschen schenkt, manchmal auch in einem besonders kostbaren Stein, den sie im Kopf trägt – etwa in einem leuchtenden Rubin. Gelegentlich bestehen auch die Schlangenaugen aus funkelnden Edelsteinen. Das Küssen der Schlange ist das Ja-Sagen zum Geist der Natur, das Akzeptieren der

Lenkung durch das absolute Wissen des kollektiven Unbewußten. Es ist das Annehmen des geheimnisvollen Schlangenwegs.

Was heißt das praktisch? Weil die Schlange ein Tier ist, ist es ein Weg, der in die Tiefe, in die Körperlichkeit und Sinnenwelt führt. Die Sagen kompensieren in diesem Sinn die zu hohe christliche Geistigkeit. Die Schlange verkörpert auch die animalische Seite der Natur, die mitleben will. Aber es geht nicht einfach um das Animalische. Das ist nur die eine Seite des Mercurius und heißt, daß keiner ganz werden kann, der dem Leben ausweicht. Den Weg aber, das Wissen um den Weg, oder den Sinn des Wegs findet einer innen, in der Introspektion, eben am violetten Ende des Farbspektrums, das heißt in der Aktiven Imagination und den Träumen. Dies ist die Situation der Sagen, in der einer dem eigenen Dämon gegenübersteht und Red und Antwort stehen muß auf Leben und Tod, und selber die höchste Antwort bekommt. JUNG hat das sehr schön gesagt am Schluß seiner Arbeit über den ‹Geist Mercurius›: «Mercurius, der zweideutige Gott, kommt als lumen naturae, als servator und salvator nur jenem Verstande zu Hilfe, welcher sich nach dem höchsten Lichte, das die Menschheit je empfangen, ausrichtet . . .»[38]

Praktisch heißt das weiter: wir haben beide Seiten im Auge zu behalten, das Leben und dazu die allnächtlichen Träume, und wir müssen beide Seiten sorgfältig gegeneinander abwägen. Jeder Traum sagt mir, ob ich richtig gehe, oder zu viel nach rechts oder zu viel nach links. Das gilt zum Beispiel auch für das schwierige Problem der Gegenübertragung. Nur aus den Träumen kann gesehen werden, was wirklich gelebt werden muß, wo ich allenfalls aus Feigheit ausweiche, und was umgekehrt auf gar keinen Fall gelebt werden darf. Wenn ich bloß meiner Faszination folge und meinen spontanen Impulsen, oder umgekehrt meiner Klugheit, kann ich selten sicher sein. Man glaubt ja so oft, unter ehrlichster Gewissenhaftigkeit seiner besten Intention zu folgen. Vielleicht bestätigen das die Träume, aber viel öfter sagen sie erbarmungslos und unmißverständlich, welchem Stück Schatten wir aufgesessen sind. Wie oft glaubt einer, aus echter Liebe zu handeln, und der Traum zeigt ihm den niedrigsten Machtschatten oder infantil-ichhafte Sinnlichkeit usf. Das sorgfältige Beachten der Träume bewahrt uns nicht vor Irrtümern und auch nicht davor, in den Dreck zu fallen. Das wäre unmenschlich. Aber es ist ja nicht verboten, auch nachträglich etwas weiser zu werden.

Obschon es Schatzsagen gibt, in denen mehrere aufbrechen, einen Schatz zu heben, und ganz selten auch einmal zwei oder drei versuchen, die Schlange zu küssen, ist der Schlangenkuß im Grunde genommen eine einsame Tat, auch im Leben. Die Individuation *ist* eben ein einsamer Weg. Sie ist das kostbare Geheimnis des Einzelnen. Das gilt auch wieder für die Übertragung und die Liebe: was für den einen richtig ist, ist für den andern katastrophal falsch. Was für mich richtig ist, ist für dich vielleicht falsch. Was für C.G. JUNG richtig war, kann für einen andern ein absoluter Irrweg sein. Auf diesem Weg gibt es keine Autobahnen. Es gibt kein anderes Kriterium, als daß einer religiose seine Träume beachtet. Alle Kollektivlösungen, auch wenn solche gelegentlich von Jungschen Autoren vorgeschlagen werden, wären Lösungen für Herdentiere. Mit Individuation haben sie nichts zu tun. Es gibt manchmal Sagen – es sind keine mit dem Schlangenkuß – in denen einer wirklich das Schlangenkrönlein gewinnt. Es bringt ihm Glück und Reichtum, aber nur solange er das Geheimnis der Herkunft des Segens zu wahren weiß. Sobald er das Geheimnis ausplaudert, ist alles vorbei. Die Individuation ist eben wirklich das Geheimnis des Einzelnen, und es gibt tatsächlich Sagen, in denen einer sein Leben lang schweigen kann.[39]

Vielleicht ist Ihnen aufgefallen, daß die Schlangenkußsagen in einem Gegensatz stehen zu den Mythen vom Drachenkampf, in denen die Bestie eben getötet werden muß. Tatsächlich gibt es Volkssagen von der Erlösung der Jungfrau, in denen die Schlange nicht geküßt, sondern getötet oder wenigstens hart geschlagen werden muß. Wenn einer das könnte, würde die Jungfrau erlöst – genau gleich wie in den Sagen vom Schlangenkuß. Allerdings gibt es nur wenig Sagen, in denen das Töten oder Schlagen der Schlange verlangt wird. In solchen Sagen geht es nicht darum, das Unbewußte in der inhumanen Form der Schlange zu akzeptieren, sondern es geht um die Befreiung des Bewußtseins vom überwältigenden Einfluß des Unbewußten und der Triebhaftigkeit. Die Befreiung und Wandlung wird hier durch eine entschiedene und harte Auseinandersetzung mit dem Unbewußten erlangt. Das Schlagen der Schlange hat nicht allein die Bedeutung einer Abwehr, sondern eines ‹Penetrierens›, eines Eindringens in das Wesen des Unbewußten im Sinne einer tieferen Bewußtwerdung, eines Verstehens.[40] Vermutlich hat auch das Töten der Schlange mit Messer oder Schwert die Bedeutung der Überwindung der negativen Wirkungen des Unbewußten durch Erkennen. Das Schwert dient als schneidende Waffe «zum Trennen oder, in übertragenem Sinne, ‹Unterscheiden›, weshalb es auch für den Geist stehen kann, speziell den Intellekt oder Verstand, von dessen ‹Schärfe› man zu sprechen pflegt.»[41]

Solche Sagen, die dem Drachenkampf entsprechen, kompensieren eine psychische Situation, in welcher ein schwaches Ichbewußtsein sich entschieden gegen das Unbewußte wehren muß. Es ist anzunehmen, daß ichschwache Erzähler solche Sagen bevorzugen. Wo umgekehrt die Schlange geküßt werden muß, besteht eine zu große Distanz zum Unbewußten, die überwunden werden sollte. Diese Sagen werden ungleich viel häufiger erzählt, sicher zehnmal häufiger. Sie kompensieren die allgemeine christliche Bewußtseinshaltung, die sich zu weit vom Unbewußten entfernt hat. Diese Sagen kompensieren denn auch unsere allgemeine heutige Situation.

In den Sagen vom Schlangenkuß wird die Schlange fast nie geküßt. Jahrelang waren mir keine Schlangenkußsagen mit gutem Ausgang bekannt. In letzter Zeit habe ich drei gefunden: eine aus dem Wallis, eine aus dem Tirol, die dritte aus dem Harz. Im Märchen ist das anders: da kommt es noch recht häufig vor, daß einer sich überwindet. In einem Märchen aus dem Engadin sollte der Held drei Mädchen erlösen, die in Schlangen verzaubert worden waren. Zwei Schlangen küßte er und erlöste die Mädchen. Als der Held die dritte «mit noch viel schrecklicheren und gierigeren Augen als jene um ihn herumgehen sah, ist er in Ohnmacht gefallen, aber zum Glück ist er mit seinem Mund hinunter auf die Zunge der Schlange gefallen, so daß der Kuß gegeben war.»[42] Sagen gehen viel seltener als Märchen gut aus, Sagen sind viel bewußtseinsnäher, realer, heißer, gefährlicher.

Es ist eine schwierige Frage, warum das Unbewußte in der schrecklichen Form der Schlange erscheint. Mir scheint, daß das mit der christlichen Bewußtseinshaltung zusammenhängt. Der christliche und noch mehr der moderne Mensch ist so himmelweit weg von der lebendigen Seele, daß diese ihm in derart gefährlicher Form begegnet. JUNG hat immer wieder darauf hingewiesen, daß das Unbewußte uns das Gesicht zeigt, das wir ihm selber entgegenhalten. Weil wir diesen inneren Tatsachen so feindlich gesinnt sind, kommen sie uns auch so entgegen. Im ‹Philosophischen Baum› spricht JUNG vom feindlichen Lapis und von der Melusine, dem weiblichen Aspekt des Mercurius, dem weiblichen Nous, der als Schlange im Paradies die ersten Eltern verführte. Wo das Selbst uns feindlich begegnet, schreibt er, will dies psychologisch «soviel bedeuten, als daß die erste Begegnung mit dem Selbst alle jene negativen Eigenschaften aufweisen kann, welche für den unvorbereiteten Zusammenstoß mit dem Unbewußten fast in der Regel charakteristisch sind.»[43] JUNG soll oft gesagt haben, daß leider das Selbst meistens zuerst mit dem linken Fuß zur Türe hereinkommt. Er erinnert an der eben zitierten Stelle auch an die bekannte 18. Sure des Korans, in welcher Moses mit Kidhr (oder el Chadir) zieht. Dieser verrichtet drei Missetaten, welche Moses empören. Kidhr erklärt ihm dann, warum er so gehandelt und daß er nicht nach Willkür gehandelt hat. Genau dieses Motiv kommt – allerdings sehr selten – in den Sagen von der Martenehe vor. In der alten Untersteiermark (das Gebiet gehört jetzt zu Jugoslawien) wurde erzählt:

> «Oberhalb von Feistritz hauste eine Vila, die öfters zu den Bauern kam, und sie gefiel einem so gut, daß er sie zur Frau nehmen wollte. ‹Gut›, sagte die Vila, ‹du darfst mir aber nie einen Wunsch abschlagen und mußt mich immer gewähren lassen!›
>
> Das versprach der Bauer und hielt es auch getreulich. Als aber die Frau ein Mädchen gebar, drehte sie ihm gleich nach der Geburt den Hals um. So geschah es auch zum zweiten Mal, als sie einen Knaben zur Welt brachte. Dem Bauern schnitt das ins Herz, aber er ließ sie gewähren, wie er es versprochen hatte.
>
> Da geschah es aber, daß die Frau die Gerste schnitt, als die Halme noch grün und ohne Frucht waren. Das wollte die Mutter des Bauern nicht mitansehen und ließ ihm keine Ruhe mehr. ‹Was treibt denn deine Frau?› rief sie. ‹Erst bringt sie die Kinder um und jetzt vernichtet sie die Ernte. Das darfst du nicht zulassen!› So lang redete die Mutter, bis der Sohn zu seiner Frau ging und sie zur Rede stellte. Die aber sagte: ‹Hast du nicht versprochen, mir nichts abzuschlagen und mich immer gewähren zu lassen? Doch sollst du wissen, warum ich das alles getan habe: Das Mädchen wäre eine feile Dirne geworden und der Bub ein Dieb, und über die Gerste wäre noch vor dem Sommer ein Hagel gekommen, daß nicht einmal die Halme als Futter übriggeblieben wären!›
>
> Damit verschwand die Vila und kam nicht wieder, so oft der Bauer sie auch im Bachernwald suchte. Mit ihr waren auch alle anderen Vilen verschwunden, die vorher recht oft im Gebirge zu sehen gewesen waren.»[44]

Das Motiv von der zu früh geschnittenen Gerste kommt in mehreren Sagen im Wallis vor; die feenhafte Frau verläßt dann den Bauern, wäre aber bereit, zurückzukehren, wenn er das küßt, was er hinter der Türe findet. Dort erscheint sie als Schlange, die der Bauer zu küssen nicht über sich bringt. Um weiter in Beziehung zu seiner Anima bleiben zu können, müßte der Bauer also bereit sein, zuerst das Unbewußte in seinem unerbittlichen, erschreckenden Aspekt zu akzeptieren.

Wenn der Mensch alle seine ichhaften Vorbehalte zurückstellen und sich dem objektiven Geist der Natur anvertrauen kann, dann kann die Schlange sich wandeln, dann wird sie erlöst aus dieser Gestalt. *Mir scheint, daß dieses umfassende Akzeptieren der Natur mit dem ihr eigenen göttlichen Sinn zugleich die Erlösung des Weiblichen ist,* des Archetyps des Weiblichen, die Erlösung der weiblichen Gottheit. Es bedeutet für den Mann, wie JUNG schreibt, eine Rangerhöhung der Anima von der Verführerin aufwärts zur Führerin, die Wandlung des Weiblichen von der Schlange zur Königin.[45] Es ist übrigens sehr interessant, daß die Alchemisten die Erlösung der Melusine, der Schlangenjungfrau, als assumptio und coronatio Mariae aufgefaßt haben.[46]

Wer in den Sagen die Jungfrau erlöst, der gewinnt den Schatz. Im Südtirol in der Gegend von Bozen wurde erzählt:

> «Ein Bauer rastete einmal vor der Wangener Schloßruine. Kaum hatte er sich niedergesetzt, als schon eine schöne Jungfrau vor ihm stand, welche sehr traurig war. Sie redete den erstaunten Bauern an und sagte: ‹Wenn du mich erlösen willst, schenke ich dir alles Gold und Silber, das im Schloß vergraben ist.› Der Bauer fragte sie, was er thun müsse, um sie zu erlösen. Darauf antwortete die Jungfrau: ‹Um Mitternacht kommt ein Drache, dem mußt du herzhaft einen Kuß aufs Maul drücken.› ‹Wenn's nicht mehr ist›, sagte der Bauer, ‹das will ich gerne thun.› Er wartete bis Mitternacht, und es kroch eine ungeheure Schlange heran. Da stand er auf und drückte dem garstigen Thier furchtlos einen derben Kuß aufs Maul. Der Drache verschwand, und neben dem Bauern war eine schwere Truhe, von unten bis oben mit Gold und Silber angefüllt.»[47]

Das Gewinnen des Schatzes bedeutet die Bewußtmachung des zentralen Inhaltes des Unbewußten, die Bewußtmachung des und das In-Beziehung-Treten zum Selbst. Das Zentrale und Wesentliche ist in den meisten dieser Sagen der Schatz. Über die Bedeutung des Schatzes in den Sagen wäre ein eigenes Referat nötig. Ich will hier zum Schluß nur eine interessante Ansicht von PARACELSUS anführen, die er in seiner ‹Philosophia occulta› äußert. Er sagt, wenn es an einem Ort spuke, sei das ein Zeichen, daß da ein Schatz vergraben sei. Psychologisch heißt das, etwas abgekürzt gesagt und aufs Persönliche genommen: wenn es mir nirgends mehr wohl ist, wenn ich unruhig und gehetzt bin, neurotische Symptome oder auch Gesichte habe, wenn ich mich nicht mehr aushalte und die andern auch noch zur Verzweiflung treibe, dann wartet ein Schatz darauf, gehoben zu werden, das heisst ein wichtigster Inhalt des Unbewußten will bewußt werden. PARACELSUS schreibt:

> «Warumb aber den Schätzen also hitzig vnd begirlich nachgestellt wirdt / mit suchen / vnd graben / geschicht fürnemlich zweyer vrsachen willen. Erstlich vnnd fürnemlich von wegen des Geytz vnd Begierd / so wir nach dem Geldt haben. Die ander aber ist von wegen / daß dasselbig orth hernacher sicher / fridsam / heimlich vnd still wirdt von diesen Geistern / vnd das man am selbigen orth hernacher widerumb wohnen vnd bleiben kan. Dann es seind noch viel solche Heuser vnd alte Schlösser im Land / die man also öd muß lassen / vnnd niemandts darinnen wohnen vnd bleiben kan / von wegen solcher Gespenst vnd Vngestümmigkeit. Das ist gemeinglich die Fürnembste vrsach / dz daselbst innen grosse merckliche Schätz verborgen vnd vergraben ligen. Wa sich nuhn solches zutregt / da ist graben vnd suchen hoch von nöthen / nicht von wegen / das man den Schatz oder das Geldt bekomme / sonder viel mehr darumb / das man dasselbig orth widerumb wohnhafft mache. (. . .)
>
> So ist auch letztlich hie zuwissen / je vngestümmer / vnd je vngehewrer es an solchen orten ist / vnd je mehr sich Gespenst da hören oder sehen laßt / je grösser der Schatz ist / vnd je höher er in der Erden vergraben ligt.»[48]

Sehen Sie, in unserer verrückten Zeit, wo es überall spukt, wird das Schatzheben, das Bewußtmachen drängender Inhalte des kollektiven Unbewußten zu einer verpflichtenden Aufgabe. Es gibt eine Stelle in einer Art Erziehungsbuch aus dem 13. Jahrhundert, aus dem ‹Renner› eines HUGO VON TRIMBERG (1230–1313), worin es heißt, *daß alle ungehobenen Schätze dereinst dem Antichrist gehören.*[49] Das heißt, daß alles im kollektiven Unbewußten, was dringend bewußtgemacht werden sollte, aber nicht bewußtgemacht wird, die gefährliche Gegensatzspannung unserer Zeit verstärkt. Der Antichrist ist all die finstere Seite Gottes, die heute die Welt zu zerstören droht.

Das heißt, daß umgekehrt jeder, der die Bewußtwerdungsaufgabe ernst nimmt, einen Teil der ungeheuern Spannung in der Welt vermindert. Das beginnt im kleinen Kreis: daß ich mich selber wieder aushalte, daß meine Familie und Freunde mich aushalten, daß ich auch andern helfen kann, sich auszuhalten usf. Niemand weiß, ob es möglich ist, die Überwältigung durch das Böse aufzuhalten. Aber wenn ich JUNG, die Volkssagen, aber auch meine und meiner Analysanden Träume recht verstanden habe, ist die eigene Bewußtwerdung, das Schatzheben, der einzige Weg, einen wirklichen Beitrag für den Frieden zu leisten. Die Schlangenkußsagen zeigen, wie schwierig das ist. Es ist ein opus magnum, eine wahre Kreuztragung. Keiner muß sich schämen, hier nicht darüber zu stehen. Eigentlich kann man davon gar nicht reden. Aber für mich ist es doch tröstlich, daß sich gerade in dem, wo wir meinen, in persönlichsten Wirrnissen verstrickt zu sein, nämlich im Liebesproblem – daß sich in dem, wenn wir uns ihm ehrlich stellen, die Geburt der neuen Zeit vorbereitet. Ich hoffe, Sie zum Nachdenken angeregt und Ihnen auch gezeigt zu haben, wie aktuell Volkssagen wirklich sind.

Anmerkungen

1 Gesammelte Werke. Bd. 11, Zürich und Stuttgart 1963, § 753.

2 ARNOLD BÜCHLI: Mythologische Landeskunde von Graubünden. Ein Bergvolk erzählt. 1. Teil, Aarau 1958, 3f., erzählt 1934 (Mundart).

3 GW 8, Zürich und Stuttgart 1967, §§ 414f.

4 Nach MORIZ TSCHEINEN und PETER JOSEPH RUPPEN: Walliser Sagen. Sitten 1872 (Nachdruck Zürich 1979), 87 Nr. 85 (gekürzt).

5 CARL GUSTAV JUNG: Seminare: Kinderträume. Hrsg. von Lorenz Jung und Maria Meyer-Grass. Olten und Freiburg i.Br. 1987, 540.

6 JOSEF MÜLLER: Sagen aus Uri. Bd. 1 (Schriften der Schweiz. Gesellschaft für Volkskunde 18), Basel 1926, Nr. 387.2.

7 Erinnerungen, Träume, Gedanken von C.G. Jung. Aufgezeichnet und hrsg. von Aniela Jaffé. Zürich und Stuttgart 1962, 191.

8 Carl Gustav Jung: Psychologie und Religion. GW 11, § 150.

9 Carl Gustav Jung: Mysterium coniunctionis. Bd. 1, GW 14/I, Olten und Freiburg i.Br. 1972, §§ 323 und 71, Anm.

10 Carl Gustav Jung: Analytische Psychologie und Erziehung. GW 17, Olten und Freiburg i.Br. 1972, § 219.

11 Büchli: Mythologische Landeskunde. 2. Teil, Aarau 1966, 388.

12 Ignaz Vinzenz Zingerle: Sagen aus Tirol. Innsbruck ^{2}1891 (Nachdruck Graz 1969), Nr. 534.

13 Büchli: Mythologische Landeskunde 2, 870.

14 Zingerle: Tirol, Nr. 538.

15 Erinnerungen, 180.

16 Z.B. Ernst Ludwig Rochholz: Schweizersagen aus dem Aargau. Bd. 1, Aarau 1856, 255 Nr. 173. – Alois Lütolf: Sagen, Bräuche und Legenden aus den fünf Orten Lucern, Uri, Schwiz, Unterwalden und Zug. Luzern 1862 (Nachdruck Hildesheim/New York 1976), Nr. 234.

17 Die Legenda aurea des Jacobus de Voragine. Aus dem Lateinischen übers. von Richard Benz. Heidelberg ^{4}1963, 540.

18 Müller: Sagen aus Uri. Bd. 3 (Schriften der SGfVkde 28), Basel 1945, Nr. 1566.

19 Karl Reiser: Sagen, Gebräuche und Sprichwörter des Allgäus. Bd. 1, Kempten 1895 (Nachdruck Hildesheim/New York 1979), 93 Nr. 80.

20 Carl Gustav Jung: Symbole der Wandlung. GW 5, Olten und Freiburg i. Br. 1973, § 460. – Ders.: Aion. Beiträge zur Symbolik des Selbst. GW 9/II, Olten und Freiburg i. Br. 1976, Kap. V, besonders §§ 123–126.

21 Büchli: Mythologische Landeskunde 2, 235, erzählt 1945.

22 Müller: Sagen aus Uri 3, Nr. 1564.

23 Samuel Singer: Schweizer Märchen. Anfang eines Kommentars zu der veröffentlichten Schweizer Märchenliteratur. 1. Fortsetzung. Bern 1906 (Nachdruck München-Pullach und Berlin 1971), 41.

24 Emma Jung und Marie-Louise von Franz: Die Graalslegende in psychologischer Sicht. Zürich und Stuttgart 1960, 66.

25 GW 6, Olten und Freiburg i.Br. 1971, § 447.

26 Jung: Aion, §§ 293 und 385f.

27 Carl Gustav Jung: Die Visionen des Zosimos. GW 13, Olten und Freiburg 1978, §§ 137f.

28 Carl Gustav Jung: Dream Analysis. Notes of the Seminar given in 1928–1930 by C.G. Jung. Ed. by William McGuire (Bollingen Series XCIX), Princeton N.J. 1984, 326.

29 Ebenda, 327.

30 ‹Es› in der nichtveröffentlichten Ausgabe von Liliane Frey und Aniela Jaffé, 21. – Jung: Kinderträume, 275 stattdessen: «dem Andern in uns».

31 Ebenda.

32 ALOIS SENTI: Sagen aus dem Sarganserland (Schriften der SGfVkde 56), Basel 1974, 353 Nr. 198, Anm. (Mundart).

33 Z.B. JAKOB KUONI: Sagen des Kantons St. Gallen. St. Gallen 1903 (Nachdruck Zürich 1979), Nr. 332.

34 Z.B. JOHANN ADOLF HEYL: Volkssagen, Bräuche und Meinungen aus Tirol. Brixen 1897, 249 Nr. 68, 510 Nr. 76. – Vgl. FRANZ JOSEF VONBUN: Die Sagen Vorarlbergs. Neu bearbeitet und hrsg. von Richard Beitl. Feldkirch 1950, Nr. 210.

35 CARL GUSTAV JUNG: The Visions Seminars. Zürich 1976, 230–232.

36 § 370.

37 GOTTHILF ISLER: Lumen naturae. Zum ‹Wissen› von Naturwesen in den Sagen des Alpengebietes. In: Studien zur Volkserzählung. Berichte und Referate des ersten und zweiten Symposiums zur Volkserzählung, Brunnenburg/Südtirol 1984/85. Hrsg. von Leander Petzoldt und Siegfried de Rachewiltz. Frankfurt am Main 1987, 147–171.

38 GW 13, § 303.

39 GOTTHILF ISLER: Die Krönleinschlange. Zur Kompensation des Christentums durch die Volkssage. In: Der Dämon und sein Bild. Berichte und Referate des dritten und vierten Symposiums zur Volkserzählung, Brunnenburg/Südtirol 1986/87. Hrsg. von Leander Petzoldt und Siegfried de Rachewiltz. Frankfurt am Main 1989, 103–121.

40 Vgl. JUNG: Dream Analysis, 649f.

41 E. JUNG/VON FRANZ: Die Graalslegende, 84.

42 Schweizer Volksmärchen. Hrsg. von Robert Wildhaber und Leza Uffer. Düsseldorf-Köln 1971, 194.

43 GW 13, §§ 425–428.

44 PAUL SCHLOSSER: Bachern-Sagen. Volksüberlieferungen aus der alten Untersteiermark. Wien, Österreichisches Museum für Volkskunde 1956, Nr. 27.

45 JUNG: Mysterium coniunctionis. Bd. 2, GW 14/II, § 205.

46 CARL GUSTAV JUNG: Paracelsus als geistige Erscheinung. GW 13, § 180.

47 HEYL: Tirol, 261 Nr. 76.

48 THEOPHRASTUS PARACELSUS: De occulta Philosophia. Bücher und Schriften, hrsg. von Johannes Huser, 9. Teil, Basel 1590 (Nachdruck Hildesheim/New York 1972, Bd. IV), 354. – Vgl. den Kommentar zu MATTHIAS MAIERBRUGGER: Sagen aus dem Glödnitztal. Hrsg. und erläutert von Oskar Moser. In: Aus Kärntens Volksüberlieferung (Kärntner Museumsschriften 17), Klagenfurt 1957, 121f.

49 Hrsg. von Gustav Ehrismann. Bd. 1, Tübingen 1908, 209, Verse 5045ff. – Vgl. JACOB GRIMM: Deutsche Mythologie. Bd. 2, Berlin ^{4}1876 (Nachdruck Darmstadt 1965), 819.

Vortrag an der Frühjahrstagung der Deutschen Gesellschaft für Analytische Psychologie in Bremen, 2. März 1985, leicht erweitert.

Dr. phil. Gotthilf Isler, Bergstraße 71, CH-8700 Küsnacht

Alfred Ribi

Fortleben nach dem Tode aus der Sicht der Jungschen Psychologie

Die Geburt der modernen Psychologie oder, wie es damals hieß, des Okkultismus, ist eng verknüpft mit der Frage eines Fortlebens nach dem Tode. Immer, wenn eine *archetypische Idee*, das heißt, eine Grundidee der Menschheit in ihrer bisherigen Form untergeht, sucht sie sich ein neues Gefäß, in welchem sie erneuert wiedererstehen kann. Bis zu jenem Zeitpunkt, an dem eine neue Wissenschaft entstand, gehörte die Idee des Fortlebens nach dem Tode in den Bereich der christlichen Religion, welche das Abendland während fast zwei Jahrtausenden prägte. Die Tatsache, daß sich eine neue Wissenschaft dieser Idee annahm, weist darauf hin, daß das Christentum im Begriffe war, seine Glaubwürdigkeit zu verlieren. Da der Verlust einer solchen universalen Idee eine tiefe Verunsicherung und einen Sinnverlust nach sich zieht, entsteht aus dem kollektiven Unbewußten kompensatorisch eine neue Anschauungsweise, in der sich die alte Idee wieder ausdrücken kann.

Einer der Gründer der hochangesehenen Society for Psychical Research (SPR) (1882) in London, FREDERIC W.H. MYERS, schrieb 1886 zusammen mit EDMUND GURNEY und FRANK PODMORE ein klassisches zweibändiges Werk mit dem Titel ‹Phantasms of the Living›[1], worin er über siebenhundert Fälle von Erscheinungen zusammentrug, die er sich von Leuten aus der Umgebung der Perzipienten bestätigen ließ. In 53% der Fälle handelte es sich auch um Träume mit dem Thema ‹Tod›. Diese Sammlung zeigt, wie häufig solche sogenannt ‹außergewöhnlichen› Vorfälle im Umkreis des Todes oder lebensbedrohlicher Situation sind. In einem dieser Fälle (Nr. 303, Vol. II, 154) träumte ein Mann kurz nach dem Einschlafen – er war um 21.30 h zu Bett gegangen –, er sitze im Wohnzimmer, als plötzlich eine ältere Frau ihm gegenüber erschien, die weder sprach noch sich bewegte, sondern ihn lange Zeit anstarrte. Er erinnerte sich besonders ihrer weißen Haare, ihrer dunklen Augenbrauen und ihrer durchdringenden Augen. Doch erkannte er sie nicht, sie war für ihn eine Fremde. Da ging die Türe auf, und die Tante des Träumers erschien, und als sie die beiden einander anstarren sah, rief sie in vorwurfsvollem Ton aus: Weißt du nicht, wer das ist? Das ist deine Großmutter. Daraufhin erhob sich sein Geisterbesuch vom Stuhl, umarmte ihn und verschwand. In diesem Moment erwachte der Mann und schrieb den merkwürdigen Traum in sein Notizbuch, weil er dachte, er würde schlechte Nachricht bedeuten. Einige Tage später erhielt er von seinem Vater die Nachricht vom plötzlichen Tod seiner Großmutter, die in jener Nacht um 22.30 h gestorben war. Vier Monate später begab er sich auf die Isle of Wight, wo die Großmutter gewohnt hatte, die er seit über vierzehn Jahren nicht mehr gesehen hatte. Seine Tante schilderte ihm, daß sie inzwischen auffallend weißes Haar bekommen hatte, während die Augenbrauen dunkel geblieben waren. Seine Cousine, die bei ihr war, als sie starb, berichtete, daß die Großmutter kurz vor dem Tod deliriant war und den Arm um ihren Hals schlang, plötzlich wieder zu sich kam und, als sie sie erkannte, erstaunt fragte: Bist du es, ich glaubte, es wäre jemand anderer.

Ich brauche nicht mehr Beispiele anzuführen, vermutlich kennen Sie solche aus Ihrer eigenen Erfahrung. Ich möchte Sie anhand von diesem Beispiel aufmerksam machen, *daß Träume unendlich viel mehr sind, als was wir gemeinhin von ihnen halten.* Die Frage stellt sich, ob der Träumer die Situation der sterbenden Großmutter im Traum sozusagen telepathisch erlebte oder ob der Geist der Großmutter ihm einen letzten Besuch abstattete. Betrachten wir die Szenen genau, wie sie der Traum darstellt, so ist man geneigt, sich der zweiten, der spiritualistischen Hypothese anzuschließen. Ich werde versuchen, in meinem Vortrag noch eine etwas genauere Antwort auf diese zentrale Frage zu geben.

Jedenfalls ging die Erforschung ähnlicher Erscheinungen weiter mit dem Ziel, daraus *das körperliche Überleben des Todes zu beweisen.* Frederic W.H. Myers publizierte zwei Bände mit dem Titel ‹Human Personality and its survival of bodily death›, in welchen er sich teilweise auf die bereits bekannten Fälle stützt. Nach seinem Tode 1901 erschien 1903 das weitgehend vom Autor erarbeitete Werk im Druck.[2]

Im Vorwort betont er, daß sich der Mensch stets mit der lebenswichtigen Frage befaßt hat, ob es ein körperliches Überleben des Todes gebe. Er meint, sie sollte heutzutage mit den Methoden der modernen Wissenschaft beantwortet werden, «welche in der vollständig emotionslosen geduldigen und systematischen Befragung der Natur» besteht. Diese Methode sei bisher noch nie auf das überaus wichtige

Problem des Wesens, der Kräfte und der Bestimmung der menschlichen Seele angewandt worden.

In diesem Werk fragt der Autor nach sogenannten *«Mehrleistungen» der Psyche*. Darunter versteht man Leistungen, die über das hinausgehen, was das Bewußtsein leisten kann. An diesem Punkt trifft sich nämlich noch eine andere Wurzel der Parapsychologie mit der erwähnten: Es ist der *Spiritismus*. Um die Jahrhundertwende haben die Leistungen von Medien sowohl die Psychologen wie die Parapsychologen beschäftigt, wenn auch mit ganz verschiedenen Fragestellungen. Die Psychologen waren fasziniert vom Auftreten von Teil- oder Fremdpersönlichkeiten im Medium, die Parapsychologie von der Kommunikation der Medien mit Geistern. Solche Kommunikationen mit Verstorbenen waren für die gläubigen Anhänger der Medien wieder ein Beweis für das Überleben des physischen Todes. Allerdings haben die Studien an Medien und an der Hysterie gezeigt, daß die Persönlichkeit in Teile zerfallen kann, die sich wie eigenständige Persönlichkeiten benehmen.[3] Diese Erkenntnisse wurden schließlich mittels der Assoziationsstudien von C.G. JUNG abgerundet, die zur *Empirie der Komplexe* führten.[4] Seither wissen wir, daß Komplexe autonome Teilpersönlichkeiten sind, die dem Bewußtsein als etwas Objektives entgegentreten. Zwischen Komplexen und Geistern gibt es von der Erscheinung her keine Unterschiede.

Das ist nun ein Satz, der bei vielen Widerspruch erwecken kann. Dieser kommt aber nur aus einem Mißverständnis oder aus Unkenntnis der Objektivität der Psyche. Nicht zuletzt die parapsychologischen Erfahrungen haben uns nahegelegt, das *kollektive Unbewußte als das Objektiv-Psychische* zu akzeptieren, das *ganz andere Eigenschaften hat als das Bewußtsein.* Zum Beispiel gehören eben gerade die erwähnten Mehrleistungen zum kollektiven Unbewußten. In diesem sind unsere Kategorien von Raum und Zeit aufgehoben. Kurzum, Sie können es nur verstehen, wenn Sie alle Ihre Vorurteile über Psychologie, die vom Bewußtsein stammen, zu Hause lassen. Das ist sehr schwierig, diese kommen als Denkgewohnheiten immer wieder dazwischen.

Das kollektive Unbewußte, die unbewußten Schichten der Psyche, die nicht individuell erworben sind, ist jener Teil, wo wir noch unverfälschte *Natur* sind, oder ist der *zwei Millionen Jahre alte Mensch.*[5] Wenn wir diesen erforschen, befinden wir uns in Übereinstimmung mit der erwähnten Forderung von FREDERIC W.H. MYERS. Der Grund, weshalb wir in der Jungschen Psychologie den Träumen einen zentralen Wert beimessen, ist, daß diese Ausdruck unserer inneren Natur sind. Sie lassen sich nicht auf etwas anderes reduzieren. Sie sind die symbolische Aussage eines geheimnisvollen Lebensprozesses, dessen Woher und Wohin nicht wir bestimmen. Die Träume sind nicht Beweis für irgend etwas, z.B. ein Leben nach dem Tode. Aber sie drükken sich in einem ‹gleichsam als› aus, welches dem Leben und dem Tode Sinn verleiht. Insofern das Jenseits nach dem Tod das Unvorstellbar-ganz-Andere ist, gleicht es dem kollektiven Unbewußten, welches das Jenseits-des-Bewußtseins ist. Wenn es uns auch verwehrt ist, vor der Zeit einen Blick über die absolute Grenze zwischen Leben und Tod hinüber zu tun, so künden doch die Träume von einem Sein jenseits dieser Erkenntnisgrenze. Damit müssen wir uns begnügen. Allerdings sind die Zeugnisse der Träume hinsichtlich eines Seins jenseits dieser Grenze so zuversichtlich, daß sie dem modernen Menschen, dessen einfacher Glaube entschwunden ist, die archetypische Idee in modernem Gewand wiederzubringen vermögen. Was ich Ihnen vortrage, ist uralte Menschheitserfahrung im Kleid eines neuen Verständnisses.

Davon, welche Auffassung wir vom Tode und dem Nachher haben, hängt nicht nur ab, ob wir uns vor ihm fürchten, sondern auch wie wir leben. Eine Analysandin fragte C.G. JUNG, was für eine Auffassung er über den Tod habe. JUNG verweigerte ihr die Antwort mit dem Hinweis, daß es ihr nichts nütze, wenn sie selber mit dem Tod konfrontiert sei, seine Auffassung zu kennen. Jeder muß sich seine eigene Auffassung bilden, um richtig leben und angesichts des Todes standhalten zu können. Wir sollten nicht vergessen, daß es im Mittelalter eine ars moriendi (Kunst zu sterben) gab. *Die ganze zweite Lebenshälfte ist die Vorbereitung auf den Tod.* Diese Tatsache brachte mir ein Traum, den ich um mein vierzigstes Lebensjahr herum träumte, schockartig zum Bewußtsein:

> «Ich gehe über eine Brücke. Durch einen hohen Zaun (wie bei Eisenbahnbrücken) ist der andere Gehstreifen getrennt, auf dem mir entgegen, also in umgekehrter Richtung, die Ungeborenen ins Leben gehen.»

Schlagartig wurde mir mit diesem Traum die brutale Tatsache gezeigt, daß ich auf dem Weg aus dem Leben hinaus bin und daß die Neugeborenen durch ein unüberwindbares Hindernis getrennt sind. Der Tod ist eine brutale Tatsache, und das Unbewußte, das die Träume komponiert, ist manchmal keineswegs zimperlich, uns diese Tatsache eindrücklich bewußt zu machen. Das kommt vor, wenn das Bewußtsein zu jugendlich ist oder wenn es die Tatsache des Todes ignorieren will. MARIE-LOUISE VON FRANZ berichtet in ihrem Buch ‹Traum und Tod›[6] von einem Geschäftsmann Mitte Fünfzig, der als Initialtraum (erster Traum der Analyse) den folgenden brachte:

> «Ich wache (im Traum) mitten in der Nacht in einem dunklen, halb unter der Erde befindlichen Raum in meinem Bett auf. Zum Fenster herein dringt ein heller Lichtschein. Da steht plötzlich ein Unbekannter in meinem Zimmer, der mir eine unmenschliche schreckliche Angst einflößt, so daß ich schweißgebadet aufwache.»

Dieser Traum kann nicht sofort als Todestraum gedeutet werden, nämlich daß der Unbekannte, der eingebrochen ist, der Tod sei. Der Traum weist einfach auf das Hereinbrechen von etwas Unbekanntem hin. Erst als der Analysand ein Jahr später im Sterben lag, war es klar, wer der Unbekannte war. In diesem Zusammenhang muß ich gleich bemerken, daß es kaum einen Traum gibt, der nur als Todestraum vorkäme. Mit anderen Worten haben die Träume über den Tod ganz den Charakter von Individuationsträumen. Unter *Individuation* versteht C.G. JUNG einen instinktiven Prozeß, der zur Ganzheit führen will. Dieser unbewußte Prozeß beherrscht die ganze zweite Lebenshälfte und sollte durch emotionale Anteilnahme des Bewußtseins unterstützt werden. Die Individuation, zu dem zu werden, was man im Grunde ist, stellt den tieferen Sinn des Lebens dar. Ihr kommt deshalb eine zentrale Bedeutung im Leben zu.

Ich habe mich gefragt, was die Bedeutung dessen sei, daß Todesträume und Individuationsträume der zweiten Lebenshälfte so ähnlich sind. Einmal besteht die Vorbereitung auf den Tod offensichtlich darin, daß wir das Leben möglichst *vollständig leben*. Der frühere Präsident des Jung-Instituts, Dr. FRANZ RIKLIN, erzählte mir von einem älteren Depressiven, zu dem er gerufen wurde. In seiner depressiven Verstimmung sah er den Tod vor Augen, konnte aber nicht sterben. Er hatte ein ganz ordentliches Leben geführt, ein musterhaftes Leben sogar, und für seine Eltern gesorgt. Sein Bruder dagegen war das ‹schwarze Schaf› der Familie, der alles getan hatte, was ‹verboten› war: er liebte das Jagen und Fischen, er war ein Feinschmecker und genoß die Frauen. Mit diesem Bruder hatte der Patient aus einleuchtenden Gründen keinen Kontakt. RIKLIN ermunterte ihn, diesen wieder aufzunehmen. Der Patient, der inzwischen aus seiner Depression herausgekommen war, verbrachte einige Wochen bei seinem Bruder und machte mit ihm alles das, was er bisher in seiner einseitigen Einstellung abgelehnt hatte. Von seiner Depression war er geheilt, und einige Zeit später konnte er friedlich sterben.

Das *Lebensoptimum* ist dann erreicht, wenn wir alle Möglichkeiten leben, die in uns angelegt sind. Dann ist das Leben erfüllt und im Tod vollendet. Das Leben will nicht Vollkommenheit. Es will *Vollständigkeit,* es will möglichst in seiner ganzen Vielfalt gelebt sein. Deshalb ist der *psychische Wandlungsprozeß ein lebenslanger.* Das psychische Leben besteht darin, daß wir uns *ständig wandeln,* damit alle Möglichkeiten in uns zur Entfaltung gelangen.

Möglicherweise beschäftigen sich die Toten im Jenseits mit dem, was sie im Leben zu wenig taten, wo sie zu einseitig waren. Diese Hypothese legt der von C.G. JUNG in seinen ‹Erinnerungen, Gedanken, Träume› mitgeteilte Traum[7] nahe, in welchem sein Vater in einem Fischlaboratorium tätig ist. JUNGs Vater war Pfarrer, dem die cura animarum (Seelsorge) oblag. Er hatte diese in der konventionellen, traditionellen Weise getan. Im Jenseits dagegen tat er es in einer mystischen Weise. Christus ist traditionsgemäß der ICHTHYS (Fisch), und die ersten Christen waren die pisciculi (Fischlein).

Einer meiner Analysanden träumte von einer Frau, die mit über achtzig Jahren gestorben und die ein sehr tüchtiger Mensch von streng traditioneller Frömmigkeit gewesen war. Wenige Tage nach der Beerdigung erschien sie ihm im Traum. Sie interessierte sich für Träume, schrieb diese sehr gewissenhaft auf und fragte ihn nach deren Deutung. (Der Träumer ist selber analytisch tätig.) Er mußte ihr die Deutung niederschreiben, und dann setzte sie als Datum den «5. Oktober» darunter, ohne Jahrzahl. Als der Träumer über dieses Datum nachdachte – er hatte den Traum im Juni – kam ihm in den Sinn, daß sein Vater und seine älteste Schwester gleichzeitig am 5. Oktober desselben Jahres begraben worden waren. Der Traum meint, daß das Begräbnis ein Wendepunkt sei, an dem sich die Verstorbenen allem dem zuwenden müssen, was sie im Leben vernachlässigt haben. Wegen ihrer traditionellen Frömmigkeit hatte die Verstorbene das Wirken des lebendigen Heiligen Geistes, wie es in den Träumen sichtbar wird, nicht erlebt. Damit beschäftigte sie sich nun im Jenseits.

Aus diesen Beispielen erkennen Sie, wie wichtig der Zeitpunkt des Todes ist und daß dem Menschen genügend Zeit bleibt, seine Entwicklung durchzumachen. Was geschieht aber, wenn der Tod zu früh an einen Menschen herantritt? JUNG berichtet in ‹Der Mensch und seine Symbole›[8] über eine Serie von Träumen eines zehnjährigen Mädchens, das dieses seinem Vater zu Weihnachten schenkte (ein ungewöhnliches Weihnachtsgeschenk). Da der Vater mit diesem Geschenk nichts anzufangen wußte und da das Mädchen unerwartet kurz darauf starb, legte er die Serie JUNG vor. Die archetypischen Träume handeln von den ‹letzten Dingen des Lebens›, welche man einem zehnjährigen Mädchen gar nicht zutraut. Anscheinend hat es innerlich sozusagen die ganze Entwicklung durchgemacht, die ihm wegen der kurzen Lebensdauer physisch nicht vergönnt war. Das Mädchen hat irgendwie die Bedeutung dessen gespürt, was in ihm vorging, und den Vater durch sein außergewöhnliches Weihnachtsgeschenk darüber informiert, obwohl zu jenem Zeitpunkt noch niemand vom bevorstehenden Tod wußte.

Tritt der Tod zu früh an einen Menschen heran, so rebelliert er. Das sind die von ELISABETH KÜBLER-ROSS beschriebenen Fälle von Rebellion oder Depression vor dem Tode. Die Autorin hat sich nur für die Einstellung des Bewußtseins des Todkranken zum Tod interessiert. Wir beschäftigen uns hier dagegen damit, was das Unbewußte dem Todkranken mitteilt und welche Auffassung es ihm vermitteln will für das, was ihm bevorsteht. Ein Mann in den vierziger Jahren suchte MARIE-LOUISE VON FRANZ auf, nachdem ihm mitgeteilt worden war, daß er an einem Melanom mit zahlreichen Metastasen litt und er dieses Todesurteil nicht annehmen konnte. Er träumte in der Nacht, nachdem ihm die Diagnose bekanntgegeben worden war:

> «Ich sehe ein grünes, halbhohes, noch nicht ausgereiftes Kornfeld. In dieses war eine Rinderherde eingebrochen und hatte alles niedergetrampelt und vernichtet. Da ertönte eine Stimme von oben, welche sagte: ‹Alles scheint vernichtet, aber aus den Wurzeln unter der Erde wird das Korn wieder wachsen.›»

Das grüne, halbhohe Kornfeld zeigt, daß sein vegetativer Lebensprozeß noch nicht zur natürlichen Reife gelangt ist. Den invasiven, destruktiven Prozeß in seinem Körper stellt die einbrechende Rinderherde dar. Das ist die brutale Tatsache, die der Patient nicht annehmen kann und die der Traum nicht beschönigt. Sondern dieser weist durch die Stimme von oben, welche dem absoluten Geist angehört, auf den tröstlichen Umstand hin, daß sich alles aus den Wurzeln regenerieren wird. Mit unserem Bewußtsein können wir – um am Bild zu bleiben –

nur feststellen, was über der Erde geschieht. Vom Bewußtsein her gesehen bedeutet seine Krankheit die Vernichtung des physischen Lebens, an welches unser Bewußtsein gebunden ist. Nach Auskunft des Traumes jedoch bleibt etwas unter der Erde zurück, aus dem sich das Leben regeneriert. Im Herbst und Winter überdauert in den Wurzeln und Knollen unter der Erde der Lebensgeist, der sich im Frühjahr zu neuer Blüte entfaltet. Daher feiern wir jedes Frühjahr das Wunder der Auferstehung, ein Wunder, das nicht historisch einmalig war, sondern das sich immer wiederholt, das ständige Aktualität ist. Das ist der tiefere Sinn von Ostern!

Was unter der Erde geschieht, davon künden die Träume. Es ist ein geheimnisvoller, unsichtbarer, instinktiver Lebensprozeß, der nicht den Erwartungen unseres Bewußtseins entspricht, sondern sich in vielem *kompensatorisch* dazu verhält. Diese Welt wird daher gelegentlich als ‹*verkehrte Welt*› dargestellt, weil sie sich zur bewußten spiegelbildlich verhält. Wie im Beispiel von RIKLINS Depressivem können die Wertvorstellungen gerade umgekehrt sein. Einer meiner Analysanden, der viele Todesträume hat, träumte:

> «Ich bin mit einigen andern Leuten mit Leonid Breschnew an einem Tisch versammelt. Eigenartigerweise sieht er im Gesicht ganz anders aus als in Wirklichkeit: nämlich wunderbar schön, friedlich, jung, frisch und fein. Ich staune und denke: Das ist doch der, der schuld ist, daß so viele Menschen getötet und geknechtet werden, und der doch sonst im Bild immer einen so diabolischen Ausdruck im Gesicht hat, daß man sich fast vor ihm fürchtet.»

Der Analysand ist sehr gewissenhaft bestrebt, ein gottgefälliges Leben zu führen. Er kennt die Relativität von Gut und Böse zu wenig, die ihm hier vorgeführt wird. Vom gleichen Thema handelt ein Traum des oben erwähnten zehnjährigen Mädchens.

So ist eigentlich auch der *Tod nicht eindeutig qualifizierbar:* in einer gewissen Hinsicht ist er brutale Vernichtung, in anderer geheimnisvolle Erneuerung. Für manche kommt er als Erlösung, für andere zu früh. Einigen erscheint er als Freund, anderen als Feind und Eindringling. Je nach unserer Einstellung zu ihm reagiert das Unbewußte mit schonungsloser Direktheit. Ein 52jähriger Analysand von M.-L. VON FRANZ litt an einem Blasenkrebs und mußte sich operieren lassen. Beunruhigt über den Ausgang der Operation träumte er:

> «Eine Ambulanz kommt, um mich ins Spital abzuholen. (In Wirklichkeit konnte er noch gut mit dem Taxi hinfahren.) Der Fahrer steigt aus, öffnet die hintere Türe, und da liegt – ein weißer Sarg!»[10]

Ein Patient im Endstadium eines Krebses, den ich zu betreuen hatte, und der sich nicht mit dem bevorstehenden Tod befreunden konnte, träumte, um sein Bett und auf die Bettdecke seien Nelken gestreut und Engel schwebten hernieder. Die Blumen um und auf seinem Bett deuten wiederum darauf hin, daß der Tod nicht das Letzte ist, sondern auf eine neue Blüte hinzielt. Das ist der tiefere Grund, weshalb wir die Gräber mit Blumen schmücken. Die Blume gehört wie das Korn zum vegetativen Lebensprozeß, der in seinem Wesenskern ewig weitergeht und unzerstörbar die Zeiten überdauert. Die Blume wie das Korn, das in der Erde ersterben muß, um Frucht zu bringen (Joh. 12, 24–25), symbolisieren die *Erneuerungsfähigkeit des Lebens.*

Aber es ist nicht die gewöhnliche Blume, die welkt, und nicht das gewöhnliche Korn. Einer meiner Analysanden träumte, vor ihm stehe eine Frau, die auf beiden Armen je eine Garbe ganz feines, goldgelbes Getreide trage. Dieses stellt die *Frucht und das Resultat des inneren Reifungsprozesses* dar, welches unzerstörbar ist. Der Tod wird ja auf vielen bildlichen Darstellungen als Schnitter mit der Sense vorgestellt, der die Menschen ‹fällt›, aber auch das erntet, was von ihnen unverweslich ist. Wir sind zum Tode geboren. Dieser beginnt als Alterungsprozeß bereits nach der Geburt. Wir entwickeln uns sozusagen auf das Grab hin. Doch gleichzeitig läuft in uns ein *umgekehrter Prozeß von zunehmender Bewußtwerdung und Entfaltung* ab, eben der *Individuationsprozeß.* Das, was in diesem erreicht wird, ist ewig. Es wird in Träumen durch Gold symbolisiert, den höchsten beständigen Wert. Einer meiner Analysanden träumte:

> «Ich schaute plötzlich vor mir eine wunderbare Frauengestalt mit rötlich-goldblondem Haar. Ganz gerade stand sie vor mir, als sie plötzlich ihre Kleider fallen ließ. Nur ein Stück blieb noch an ihr, es war ganz aus Gold und hatte die Form eines auf der Ecke stehenden Quadrates. Dieses goldene, sternförmige Stück Kleid vorn in der Mitte ihres Körpers war fest an ihren Körper angeschmiegt.»

Unsere Kleider verhüllen unsere Blöße und demonstrieren, wie wir vor der Welt erscheinen wollen. Im Tode fallen die Hüllen, und wir erscheinen so, wie wir wirklich sind, ohne alle Beschönigung. Deshalb zeigen Sterbende manchmal eine völlige Veränderung ihres Wesens. Unterdrücktes bricht ungehemmt durch. Der bekannte dänische Dichter Hans Christian Andersen, der jungfräulich geblieben war, soll im Sterben derartige sexuelle Obszönitäten geäußert haben, daß die Umstehenden aus dem Zimmer flüchteten.[11] Ich möchte darauf hinweisen, daß nicht der Träumer, sondern seine weibliche unbewußte Seite die Hüllen fallen läßt. Das bedeutet eine *Enthüllung der inneren Wahrheit*. Vor diesem letzten Richter kann keine Wahrheit beschönigt werden. In vielen Religionen besteht beim Übergang ins Jenseits ein Gericht. In Ägypten zum Beispiel ist es der schakalköpfige Totengott Anubis, der das Herz des Verstorbenen wägt. Neben der Waagschale lauert ein chimärenhaftes Krokodil darauf, das zu leichte Herz zu verschlingen. Für den alten Ägypter war das Schlimmste, daß sein Herz nach dem Tode verschlungen würde. Denn dadurch wäre seine Existenz völlig ausgelöscht. Er hoffte doch im Jenseits auf die Auferstehung, damit er mit dem Sonnengott Re täglich über den Himmel fahren könne. Heute würden wir das Wägen des Herzens dahin verstehen, daß der Verstorbene in seinem Leben so viel ewige Werte angehäuft habe, daß er nicht vergehen, sondern auferstehen werde. Dies drückt ein bei VON FRANZ angeführter Traum schön aus. Ein Analysand in den sechziger Jahren, der an einem Lungenleiden starb, teilte seinem Sohn als letztes folgenden Traum im Spital mit:

> «Ich verlasse zu Fuß das Spital und gehe zu einem alten Stadttor, das im Mittelalter die Stadtgrenze bedeutete. Dort treffe ich C.G. Jung an (der schon mehrere Jahre zuvor gestorben war). Er war ein Herrscher im Reich der Toten geworden. Jung sagt mir: ‹Nun mußt du dich entscheiden, ob du noch weiterleben und deine Arbeit (er war Kunstmaler) weiterführen oder ob du deinen Körper verlassen willst.› Jetzt sehe ich, daß mein Spitalbett irgendwie auch meine Staffelei ist.»[12]

Viele der von RAYMOND MOODY angeführten Nah-Tod-Erlebnisse weisen darauf hin, daß wir im Sterbevorgang an eine Grenze kommen, wo wir uns entscheiden können, ob wir sterben wollen oder nicht. Wahrscheinlich wird nicht jedem Sterbenden diese Entscheidung bewußt.[13] Das Sterben ist ein *ganzer Prozeß, der möglichst bewußt durchgelebt werden soll*. Deshalb insistiert das Unbewußte darauf, daß wir uns *auf das Sterben vorbereiten*. Das können wir dadurch tun, daß wir bewußt die Vorgänge im Unbewußten wahrnehmen und uns damit auseinandersetzen. Wie Sie wissen, gibt das tibetanische Totenbuch

Anweisungen über das, was den Sterbenden nach dem Tode erwartet, welche ihm ein Mönch ins Ohr flüstert, damit er sich richtig entscheidet. Der vorliegende Traum zeigt, daß der *Sterbevorgang selber ein schöpferischer Prozeß* ist, symbolisiert im Spitalbett als Staffelei. Der Individuationsprozeß ist der schöpferische Prozeß kat exochen, denn *jede schöpferische Tat ist ein Zuwachs an Bewußtheit.* Wenn der Sterbevorgang bewußt durchgemacht wird, findet eine Wandlung zum Höheren und Ewigen statt. Eine von J. CH. HAMPE zitierte Sterbende schildert:

> «Ich fand mich wieder, als ich im Dunkeln, im Inneren eines spiralförmigen Tunnels war. Weit am Ende des Tunnels, der sehr schmal war, sah ich ein helles Licht. Da begann jemand zu mir zu sprechen. Jemand war dort im Dunkeln. Er begann damit, mir den Sinn meines Lebens zu erklären. Mir wurden alle Fragen beantwortet, die ein Mensch überhaupt nur stellen kann...» Dann befiehlt ihr die Stimme, ins Leben zurückzugehen, ihre Zeit sei noch nicht gekommen.[14]

Der Sterbeprozeß ist oft von *depressiven Stimmungen* begleitet. Depression heißt, die Lebensenergie (Libido) hat sich ins Unbewußte zurückgezogen und steht dem Bewußtsein nicht zur Verfügung. In diesem herrscht oft Desorientierung. Denn *im Unbewußten wird ein neuer Inhalt belebt,* zu dem das Bewußtsein noch keine Beziehung herstellen kann. Das ist im Sterbevorgang ganz deutlich. Im vorliegenden Bericht ist sie im Dunkel eines spiralförmigen Tunnels. Der Tunnel ist ein Durchgang zur andern unbekannten Seite.

Der Sterbevorgang ist daher auch ein *Geburtsvorgang.* Durch den engen dunkeln Schacht sind wir in die Welt gekommen und durch einen solchen verlassen wir sie wieder. Doch am andern Ende der Röhre ist «ein helles Licht». Die Geburt besteht darin, daß wir unseren irdischen Leib und unsere Ichhaftigkeit in dieser Welt zurücklassen, daß wir uns von diesen trennen und sie opfern können. Deshalb stellt JUNG im Traum des Kunstmalers die Frage, ob er seinen Körper verlassen wolle. Oft fällt es den Sterbenden schwer, ihren *Körper zu opfern,* mit dem sie identisch waren und der ihnen im Leben so viel Lust gab. Weil wir im Leben so stark vom Körper abhängig waren, können wir uns ein Leben ohne diesen nicht vorstellen. Ein im Krieg schwer Verletzter, der länger im Coma lag, aber doch davonkam, hörte eine Krankenschwester sagen, er habe nur noch zwei Stunden zu leben. «Ich hatte in diesem Augenblick plötzlich eine Empfindung der Angst: ich lernte den heftigen und quälenden inneren Kampf kennen, den letzten Kampf der Seele vor dem Opfer. Er spielte sich in der vollen Klarheit des Bewußtseins ab. Ich werde für immer die Erinnerung an diesen Augenblick bewahren. Ich bitte Gott, daß sie niemals aus meinem Gedächtnis entschwinden möge ... Wenn das Leben mutvoll verlassen werden soll, so muß es mutvoll gelebt sein.»[15] Wie das Erlebnis zeigt, braucht es ein bewußt dargebrachtes Opfer all dessen, woran wir im Leben so hängen. Dieses Opfer kann um so leichter erbracht werden, je mehr Ichhaftigkeit schon im Prozeß der Individuation geopfert wurde und wenn eine positive Auffassung vom Übergang im Tode besteht.

Nach dem Durchgang durch das Tor (Traum des Kunstmalers) oder den spiralförmigen Tunnel kommt ein helles Licht. Lichterscheinungen werden übereinstimmend in vielen Nah-Tod-Erlebnissen geschildert. Sie weisen auf eine *Illumination* (Erleuchtung), die zugleich *das Körperliche auflöst.* Eine Stimme beantwortet der Patientin alle Fragen des Lebens. Als C.G. JUNG nach einer Embolie im Coma lag, hatte er ein Nah-Tod-Erlebnis, bei dem er einen gewaltigen, dunklen Steinklotz wie einen Meteoriten frei im Weltall schweben sah. Nischen mit leuchtenden Öllämpchen umgaben die Tür. JUNG hatte die Gewißheit, in einen erhellten Raum zu kommen und dort alle jene Menschen anzutreffen, zu denen er in Wirklichkeit gehörte. Dort würde er auch verstehen, in was für einen geschichtlichen Zusammenhang sein Leben gehörte. «Ich würde wissen, was vor mir war, warum ich geworden bin, und wohin mein Leben weiterfließen würde ...»[16] In diesem Augenblick holte ihn das auftauchende Bild seines Arztes auf die Erde zurück.

Die Lichterscheinungen, die in mannigfachen Formen berichtet werden, weisen alle auf ein Wissen an einem bestimmten Punkt im Sterben hin, das ein besonderes Wissen ist. Es ist eine *absolute Gesamtschau* des Lebens, absolut im Sinne von emotionslos, objektiv, worin die Summe der Existenz gezogen wird. Die Futilitäten unseres Lebens haben sich verflüchtigt, zurück bleibt, was sub specie aeternitatis (unter dem Gesichtspunkt der Ewigkeit) wichtig war. Der Traum eines sterbenden achtzigjährigen Mannes möge das illustrieren, welcher von der Psychotherapeutin LILIANE FREI mitgeteilt wurde:

> «Ein alter kranker Zwetschgenbaum trägt unerwarteterweise an einem Ast viele Früchte. Sogar zwei goldene Früchte befinden

sich an der Spitze eines Zweiges. Voller Freude zeige ich dieses Wunder meiner Tochter und meinem Sohn.»[17]

Der Sonnen- und Mondbaum in der Alchemie trägt als Frucht oft den ‹Stein der Weisen› (lapis philosophorum). Die *‹Frucht›* stellt die *Quintessenz des gelebten Lebens* dar, die den Tod überdauern wird. Sie ist das, was aus dem seelischen Lebensprozeß sozusagen feste Gestalt gewonnen hat. Diese Frucht entstammt eigentlich dem Körper, das heißt genauer der physischen Existenz, welche an die Körperfunktionen gebunden ist. Aber es sind nicht einfach – wie sich das naive christliche Gemüt gern vorstellt – die ‹guten Werke› des Lebens, sondern die Frucht eines inneren Wachstumsvorganges, dargestellt im Philosophischen Baum. Diese Frucht ist nicht mehr der grobmateriellen Welt verhaftet, sondern psychisch geworden. Daher kann sie mit dem geistigen Anteil des Menschen, welcher als ‹Geistseele›, ‹Freiseele› oder ‹Traumseele› bezeichnet wird, verbunden werden. Damit wird innere Ganzheit erreicht, wie sie erst im Tode möglich ist. Die Ganzheit des Menschen trennt sich anscheinend bei der Geburt in einen zeitlosen, geistigen, nicht-inkarnierten und einen an den Körper und das Bewußtsein gebundenen Teil. Dieser ist es, der sich im Sterbeprozeß aus der Umklammerung des physischen Körpers lösen muß und aus seiner zeitlich begrenzten Existenzform die ‹Frucht› dem nicht inkarnierten Teil verbindet. Das ist es, was *‹Auferstehung›* eigentlich meint. Sie ist jene Existenzform unseres Lebens, die sich vom Materiell-Zeitlichen zum Psychoiden gewandelt hat. Mit dem Ausdruck ‹psychoid› meint JUNG eine Form, die jenseits des Gegensatzes physisch-psychisch steht, das heißt dem unus mundus (Eine Welt) angehört.[18]

Das Sterben stellt in dieser Sicht einen wichtigen Wandlungsvorgang dar, in welchem sich die Summe der irdischen Existenz von ihrer Gebundenheit an unseren materiellen Körper löst und in eine der jenseitigen Welt adäquate Existenzform wandelt. Durch diese Wandlung wird es erst möglich, daß etwas unseren physischen Tod überdauert. Die Alchemisten waren der Meinung, man könne bereits im Leben auf dieses Ziel hinarbeiten, welches sie unter dem *Symbol des Steines* (lapis philosophorum) sahen. Der Stein galt ihnen als das Ewige, Unzerstörbare. Merkwürdig mutet uns dieses Symbol in der Hinsicht an, als es für uns nichts Toteres als einen Stein gibt. Dem Alchemisten aber war er belebt und beseelt. Ihm war die *materielle Natur des Steines wesentlich.* Dieser drückte aus, daß das Ziel des Prozesses nicht wie im Christentum ein geistiges ist, sondern sozusagen *etwas Konkre-*

tes. Nicht die Überwindung der diesseitigen körperlichen Existenz war ihm wesentlich, sondern die *Fixatio* (Fixierung) *in incorruptibler Form.* Die Alchemisten waren in ihrer Art dem auf der Spur, was wir heute die Psychologie des Unbewußten nennen. Darum ist das Studium der Alchemie für uns heute wieder bedeutungsvoll und hilfreich geworden. Ich möchte Ihnen zur Illustration noch einen Traum von jenem 52jährigen Analysanden mit dem Blasenkrebs bringen:

> «Ich sehe einen grünenden Wald in vollem Laub, noch gar nicht herbstlich. Ein Waldbrand raste und zerstörte ihn vollständig. Nachher gehe ich über das verbrannte Gelände. Alles ist schwarz, verkohlt und in Asche, aber in der Mitte liegt ein großer, runder, roter Sandstein, der keine Brandspuren aufweist, und ich denke: ‹Den hat das Feuer nicht berührt und nicht einmal geschwärzt.› Ich empfinde darüber irgendwie große Freude.»[19]

Der Traum macht einen deutlichen Unterschied zwischen der Person des Träumers und dem, was in seinem ‹Vegetativum› geschieht. Dieses wird von einem verzehrenden Feuer zerstört, welches einerseits die autonome Destruktivität des Krebses, anderseits die gesteigerte psychische Intensität darstellt. Die Vorstellung eines Fegefeuers kommt in vergleichbaren Träumen oft als reinigendes Feuer vor, qui comburit omnes superfluitates (das alles Überflüssige verbrennt), wie sich die Alchemisten ausdrücken. Es ist ebenso ein *Feuer der Wandlung, welches nur das Unzerstörbare übrigläßt.* Aus dieser Sicht befreit es das Ewige im Menschen von der Umklammerung durch den sterblichen Körper. Der Stein, der unberührte rote Sandstein, stellt das Ewige, den *Auferstehungsleib* dar. Irgend etwas im Träumer hat diesen Sinn verstanden, weshalb er über diese Tatsache große Freude empfindet. Wir errichten auf den Gräbern Steinmale um dieser Symbolik willen. Eine sterbende achtzigjährige Frau träumte vor ihrem Ende: «Ich sehe ein Kreuz, von dessen Mitte ein Saphir erstrahlt. Der Traum wirkt sehr beglückend, und ich spüre, daß er mit dem himmlischen Leben zu tun hat.»[20]

Am Ende unserer Ausführungen angelangt, kommen wir zu der paradoxen Auffassung, daß der *Tod gewissermaßen ein Ende ist und doch etwas weiterlebt.* Dieses Paradoxon, das mit rationalen Mitteln nicht zu fassen ist, drückt ein von F.M. Kelly mitgeteilter Traum einer alten sterbenden Frau aus:

«Ich sehe eine Kerze innen auf dem Fensterbrett meines Spitalzimmers brennen und merke plötzlich, daß die Kerze am Erlöschen ist. Furcht und Angst vor der nahenden großen Dunkelheit packen mich. Plötzlich leuchtet aber dieselbe Kerze wieder auf – auf der anderen Seite des Fensters, und ich erwache.»[21]

Das ‹Wunder›, das Unerklärliche ist, wie die Kerze durch die Scheibe auf die andere Seite des Fensters gelangen kann. Das läßt sich mit den bekannten physikalischen Gesetzmäßigkeiten nicht erklären. Solche *parapsychologische Phänomene* gehören zum Bereich des kollektiven Unbewußten oder der *objektiven Psyche.* Wir können die Vorgänge des Sterbens und des Todes in diesem Grenzbereich der Erfahrung nur verstehen, wenn wir die *Phänomenologie des kollektiven Unbewußten* kennen, wo Ereignisse möglich sind, die wir im gewöhnlichen Alltag nicht kennen. Dazu gehören alle parapsychologischen Erscheinungen, die um die Phänomene des Sterbens herum gehäuft auftreten. Sie sind weder wunderbarer noch selbstverständlicher als das Sterben selber, in dessen Geheimnis wir etwas einzudringen versuchten. Zum Abschluß möchte ich Ihnen den Traum eines Priesters erzählen:

«Ich teile in einer Kapelle die heilige Kommunion aus. Viele Menschen kommen, sie zu empfangen . . . Plötzlich ist die letzte Person dran, der ich das heilige Brot gebe: eine schöne Frau in schneeweißem Kleid. Da merke ich, daß ich noch eine brennende Kerze hielt, während ich das Brot gab. Und jetzt, als die letzte Person, diese schöne schneeweiß gekleidete Frau, das heilige Brot genommen hatte, ging die Flamme der Kerze aus. Ich war irgendwie erstaunt und blickte so erstaunt auf die Kerze, wo für einen Moment noch der rote, glühende Punkt sichtbar ist.»

Die Hostie als der Leib Christi ist eigentlich der durch das Leiden im Tode transformierte Auferstehungsleib. Der Träumer übergibt seiner anderen, weiblichen Seite das Resultat seines Lebens. Das Brot, ein Produkt unserer Kultur, ist der grobstoffliche Leib. Die Hostie ist das verfeinerte ‹sublimierte› Brot, das aus Tod und Leiden entstanden ist. Diese ist die unsterbliche Frucht, die der Engel mit ins Jenseits nimmt. Damit haben sich die beiden getrennten Anteile, die *Körperseele* und die *Geistseele,* zur *Ganzheit wieder vereint.* Diese letzte Ganzheit scheint das *Ziel unseres Lebens* und der *Sinn unseres Sterbens* zu sein.

Anmerkungen

1 Ed. Gurney, F.W.H. Myers and F. Podmore: Phantasms of the Living. London, Trübner 1886 (Florida, Scholar's Facsimile and Reprints, 1970).

2 2 Vols, New York and Bombay 1903.

3 Alfred Ribi: Was tun mit unseren Komplexen? Kap. 3. München 1989.

4 Carl Gustav Jung: Diagnostische Assoziationsstudien. Gesammelte Werke. Bd. 2, Olten und Freiburg i.Br. 1979, 13–502.

5 The 2,000,000-year-old man in: C.G. Jung Speaking. Interviews and Encounters. Ed. by William McGuire and R.F.C. Hull, London 1980, 99.

6 Marie-Louise von Franz: Traum und Tod. Was uns die Träume Sterbender sagen. München 1984, 98.

7 Erinnerungen, Träume, Gedanken von C.G. Jung. Aufgezeichnet und hrsg. von Aniela Jaffé. Zürich und Stuttgart 1962, 216ff.

8 Carl Gustav Jung: Der Mensch und seine Symbole. Olten und Freiburg i.Br. 1968, 69.

9 von Franz: Traum und Tod, 30f.

10 Ebenda, 54.

11 Ebenda, 46.

12 Ebenda, 108.

13 Raymond A. Moody: Leben nach dem Tod. Hamburg 1977.

14 von Franz: Traum und Tod, 107.

15 Ebenda, 126.

16 Erinnerungen, 293ff.

17 Liliane Frey-Rohn: Sterbeerfahrungen psychologisch beleuchtet. In: Im Umkreis des Todes, von Aniela Jaffé, Liliane Frey-Rohn, Marie-Louise von Franz. Zürich 1980, 34.

18 Carl Gustav Jung: Theoretische Überlegungen zum Wesen des Psychischen. GW 8, Zürich und Stuttgart 1967, 244ff.

19 von Franz: Traum und Tod, 110.

20 Ebenda, 175.

21 Ebenda, 93.

Vortrag in der Schweizerischen Parapsychologischen Gesellschaft in Basel, 13. Februar 1986.

Dr. med. Alfred Ribi, Rebstraße 19, CH-8703 Erlenbach

Frank Geerk

Die Alchemie – eine moderne Wissenschaft?

Ein Gespräch mit MARIE-LOUISE von FRANZ

Ähnlich wie die Theologie in den vergangenen Jahrhunderten ein schier unüberbrückbares Schisma erfahren hat, wird in unserem Jahrhundert die Psychologie in verschiedene Lager gespalten. Mir scheint es dabei oft nicht mehr um Forschung, sondern um infantile Rechthaberei zu gehen. Was halten Sie von dieser Spaltung?

Das ist ein fertiger Unsinn. Für mich ist die Psychologie eine so neue Wissenschaft, die noch im Dunkeln tastet, und sie hat noch so viele unbeantwortete Fragen, daß die verschiedenen Schulen einfach die Ehrlichkeit haben sollten, zu sagen: das haben wir erlebt und so sehen wir es, und da gibt es andere, die haben anderes erlebt und sehen es eben anders! Da sollte man liberal austauschen und zugeben, daß es einen Pluralismus gibt. So, wie es verschiedene Temperamente gibt, so gibt es auch verschiedene Psychologien. Diese ganze Giftpolemik zwischen den verschiedenen Schulen ist Ausdruck eines reinen Machtkomplexes. Da meint jeder, er hätte die wissenschaftliche Wahrheit allein mit dem großen Löffel gegessen. Das ist seelenzerstörend. Wenn man von mir wissen will, was ich gegen Freud oder Adler habe, gehe ich aus dem Zimmer. Diese Frage ist lächerlicher Quatsch. Wenn jemandem Freud einleuchtet, ist das okay! Wenn nicht, dann muß er weitersuchen.

Für Sie selbst war die Begegnung mit C. G. Jung ein entscheidendes Erlebnis. Wie kam es dazu?

Zum ersten Mal traf ich ihn, als ich noch Gymnasiastin war. Ein Mitschüler von mir war eine Neffe von Jungs Freundin Toni Wolff. Dem gegenüber hat Jung den Wunsch geäußert, einmal junge Leute aus meiner Generation kennenzulernen. So wurden wir zu acht nach Bollingen eingeladen. Das Treffen dauerte den ganzen Tag, bis spät in die Nacht ... Ich war achtzehn Jahre alt, Jung war achtundfünfzig. Er kam mir vor wie ein uralter Bär, der im Wald wohnt, ein weiser alter Methusalem.

Später sind Sie ihm wiederbegegnet. Sie haben eine Analyse bei ihm gemacht. Warum?

Ich bin zwar schon mit drei Jahren in die Schweiz gekommen und hier aufgewachsen, aber mein Vater war Österreicher und war wohl von seinen Kriegserlebnissen im Ersten Weltkrieg traumatisiert ... So empfand ich vom Hintergrund her doch ein Fremdsein in der Schweiz und war aufgewühlt durch die Zeitproblematik. Das hat mich alles sehr deprimiert. Ich konnte nicht im bürgerlichen Vorkriegsstil weiterleben. Ich mußte mir etwas Neues suchen.

Was Sie dann mit C. G. Jung gefunden haben?

Ja, als ich dann auf die Universität ging und ihm wiederbegegnet bin, habe ich ihn gefragt, ob er mich in Analyse nehmen würde. Und da weder meine Eltern noch ich Geld hatten, haben wir vereinbart, daß er mich analysiert und ich ihm dafür die lateinischen und griechischen Alchemietexte übersetzen würde. Ich studierte Altphilologie ... Und so habe ich die letzten achtundzwanzig Jahre von Jungs Leben miterlebt.

Hatten Sie keine Angst, sich einer Analyse auszusetzen?

Nein, nicht die geringste. Das hat zwei Gründe: ich habe einen positiven Vaterkomplex. Mein Vater war ein anständiger, vertrauenswürdiger Mensch, und daher hatte ich keine Angst vor Männern. Meine Mutter war eher negativ ... Einer Frau hätte ich mich nie ausgeliefert, aber in Männer hatte ich ein natürliches Vertrauen. Und als ich Jung begegnet bin, merkte ich: das ist ein ungewöhnlich ehrlicher Typ. Mit dem kann man über alles reden. Mit dem kann man auch streiten, ohne daß es schiefläuft.

Meine Frage nach der Angst vor der Analyse bezog sich weniger auf die Person des Analytikers als vielmehr auf die Methode ... Sich so methodisch in die Seele schauen zu lassen, hinterläßt doch Spuren. Man gerät in eine Abhängigkeit, aus der man sich kaum je befreien kann ... Wird man da nicht in eine Richtung strukturiert, die eventuell gar nichts mit einem selbst zu tun hat?

Natürlich wehrt sich etwas in einem gegen die mögliche Abhängigkeit. Aber ich habe schon damals instinktiv gefühlt, was Jung später einmal in Worten formuliert hat: Wir sind alle sowieso abhängig. Und wenn man die Abhängigkeit annimmt, ist man frei ... Ich habe es mir mehr so gesagt: Gott oder das Unbewußte oder die Natur hat mich gezwungen, in diese Richtung zu gehen, und es bleibt mir nichts anderes übrig, als hineinzugehen und auf der anderen Seite wieder hinauszukommen ... Sich von Anfang an zu sperren, nützt nichts. Man befreit sich von etwas dadurch, daß man hindurchgeht, nicht indem man zurückschreckt. Ich habe mir gesagt: Na, dann bin ich halt abhängig, bis ich die Sache so weit durchschaue, daß ich wieder unabhängig werde.

Wie lange hat es gedauert, bis Sie wieder unabhängig wurden?

Ich bin überhaupt nicht unabhängig geworden. Ich bin hocken geblieben ... Aber hängt nicht auch die Pflanze vom Erdboden ab? Die Tiere von ihrer Nahrungsquelle? Wir hängen doch alle in vielen Richtungen von etwas ab. Man muß mit dem, was vorhanden ist, etwas machen. Im luftleeren Raum kann nichts entstehen.

Das bringt mich auf einen der zentralen Begriffe C. G. Jungs: die Individuation. Ist Individuation nur durch Abhängigkeit möglich?

Für mich bedeutet Individuation, daß man der inneren Stimme folgt. Und um die richtig zu hören, benutzt man die Träume. Wenn man tagsüber versucht, sich nach innen zu konzentrieren, um die innere Stimme wahrzunehmen, kann man sich manchmal täuschen. Die Träume sind aber eine objektive Naturreaktion, die einem zeigt: Was will Es in mir ... Es steht hier im Gegensatz zu meinem Ego. Mein Ego hat zum Beispiel Angst vor etwas, und mein Unbewußtes sagt: Geh nur hinein! Oder auch umgekehrt; ich will mich in irgendetwas hineinstürzen, aber das Unbewußte sagt mir: Achtung, das ist Unsinn! So ertastet man sich mit der Leitlinie des Unbewußten das, was einem entspricht, was zu einem paßt. Wenn man auf das Unbewußte horcht, so sagt es einem nicht das Vorteilhafte, sondern das, was einem entspricht ... auch die Nachteile, die man mit sich selber in Kauf nehmen muß.

Haben Sie nie Erfahrungen gemacht, die dem widersprochen haben, was Jung Sie gelehrt hat?

Es gibt Jung-Schüler, die sagen, sie gehen über ihn hinaus oder die sagen, sie seien mit diesem oder jenem nicht einverstanden. Das hätte ich auch getan, wenn ich Grund dazu gehabt hätte. Aber bis jetzt – und ich bin ja noch nicht ganz tot – habe ich nie etwas getroffen, das mich veranlaßt hätte, von Jung abzuweichen, um ehrlich zu bleiben.

Jung scheint mir ein Mensch gewesen zu sein, der mit einer begnadet-gnadenlosen Konsequenz seine eigene Seele erforscht und dafür Worte gefunden hat ... Worte, die zu Begriffen wurden ...

Ich würde bei Jung nicht von Begriffen reden, sondern von Hypothesen.

Aber trotzdem sind viele seiner Worte zu Schlagworten geworden. Es gibt Anhänger seiner Lehre, die mit Worten wie ‹Animus› oder ‹Anima› um sich werfen, als handelte es sich dabei um unbestreitbare Dogmen. Das schreckt ab.

Ja, wenn man an Worte glaubt! Aber an Worte kann man nicht glauben. Der Vorteil, mit Jung persönlich zu arbeiten, lag darin, daß er einem immer die Tatbestände hinter den Worten hat zeigen können. Dadurch war mir immer klar, dass die Worte nur zufällig sind. Man könnte diese Tatbestände auch ganz anders nennen ... Nehmen wir zum Beispiel das Wort ‹Animus›. Damit ist nichts anderes gemeint als die männliche Seite in der Frau. Es konnte passieren, daß ich mit einer affektiven Überzeugung meinte, Jung habe mich falsch beurteilt; ich habe etwa starrköpfig gegen seine Traumdeutung argumentiert ... Und Jung erklärte mir: Sehen Sie, jetzt sind Sie im Animus! Ich aber hatte die Meinung, nein, das ist meine eigene Überzeugung, das ist nicht etwas anderes in mir. Zu Hause überlegt man dann noch einmal aus kühler Distanz und sieht, daß man etwas vollkommen Falsches verfochten hat. Da fragt man sich: Woher ist diese falsche Meinung gekommen? Das war ja gar nicht ich selber! ... Das eben meinte Jung mit Animus – diese ‹heiligen› Überzeugungen, die plötzlich in einer Frau auftauchen und von denen sie wie besessen ist. Und erst wenn sie zu sich selbst zurückgekehrt ist, sagt sie sich, um Gottes Willen, warum habe ich diesen Quatsch verfochten! ... Aber der Animus in der Frau zeigt sich auch dann, wenn man merkt, daß man den Männern auf die Nerven geht. Wenn ich nicht wußte, ob ich bei mir selbst oder in meinem Animus war, habe ich einfach meinen Nachbarn besucht. Ich habe gemerkt: Wenn er die Haare stellte, war ich im Animus. Das kann man manchmal gar nicht selber merken ...

Und wie ist das mit der Anima?

Die Anima ist das selbe bei den Männern. Wenn Männer launisch werden, Stimmungen unterworfen sind, sich nicht mehr beherrschen können ... Wenn sie am Morgen aufwachen und denken: Meine Frau ist nicht in Ordnung, meine Familie ist eine Last, mein Beruf ist eine Schweinerei, ich möchte am liebsten abhauen nach Afrika! ... Und wenn sie dann plötzlich merken, daß diese Laune gar nicht sie selber ist, sondern etwas, von dem sie plötzlich gepackt werden ... Dann sind sie nicht in sich selber, sondern in dem, was Jung Anima nennt, nämlich die weibliche Seite des Mannes.

Aber ist das überhaupt möglich, bestimmte Verhaltensweisen eindeutig als männlich oder weiblich zu bezeichnen?

Wie man es nennt, ist nicht wichtig. Wichtig sind die Tatbestände. Wenn ein männlicher Patient kommt und mir vorjammert, wie ihm das Leben stinkt, sich aufführt wie ein Baby, das nach der Mama schreit, dann empfinde ich das als weibisch. Ich spüre in mir eine gewisse Verachtung, die mir sagt: Das ist ja kein Mann! ... Wenn ein Mann sich so aufführt, geht er damit den Frauen auf die Nerven. Umgekehrt geht eine Frau, die starrköpfig argumentiert, den Männern auf die Nerven. Das ist das ewige Spiel zwischen Anima und Animus. Die beiden provozieren sich gegenseitig. Diese beiden Figuren sind die Ursache der meisten Ehekräche. Wenn die Frau vehement eine Meinung vertritt, dann wird er übellaunisch; und wenn der Mann weinerlich wird, wird sie argumentativ ... Das ist der stereotype Ablauf vieler Liebes- oder Ehekräche. Aber Jung hat nie etwa mit diesen Begriffen gepredigt. Er hat einem in der Analyse zu verstehen gegeben, wann man nicht sich selber war ... Als Frau merkt man das daran, daß man innerlich verrannt ist, einen irritierten Affekt hat ...

Ihre Zusammenarbeit mit Jung gründete vor allem auf der Übersetzung und Interpretation alchemistischer Texte. Sie sind der Auffassung, daß eine moderne Alchemie ersetzen könnte, was wir an der Religion verloren haben. Wie ist das zu begründen?

Wenn Sie die abendländische Geschichte betrachten, dann sehen Sie, daß im vorchristlichen Heidentum eine Art Naturalismus vorherrschte, eine Mischung von Geist und Materie. Gewisse Philosophien betonten mehr den Geist, andere mehr die Materie, und im praktischen Leben entschieden die Naturgötter. Durch das Christentum hat eine einseitige Betonung des Geistes begonnen. Vater, Sohn und Heiliger Geist, männliche Potenzen, Logospotenzen, geistige Vorstellungen dominierten. Damit einher ging eine Disziplinierung, ja sogar eine Verachtung der Sexualität, eine asketische Unterdrückung des Körpers. Im ersten Jahrtausend des Christentums gab es überhaupt kein Naturgefühl mehr ... Sehen Sie nur mal, wie in dieser Zeit der menschliche Körper dargestellt wurde! Die Natur selbst wurde überhaupt nicht dargestellt. Es herrschte ein reiner Spiritualismus. Und die Göttin Materie, das andere Weltprinzip gewissermaßen, wurde verachtet. Daher gab es im ersten Jahrtausend des Christentums auch keine Naturwissenschaften mehr. Das hat man den Arabern überlassen. Medizin, Physik, Naturkunde, Astronomie – das war für die damaligen Christen alles Teufelswerk.

Aber die Alchemisten haben sich durch ihre Versuche mit der Materie dieser einseitigen Weltauffassung entgegengestellt?

Sie haben vor allem in der Materie nicht etwas Totes gesehen. Sie haben das Geheimnis der Göttin Materie aufspüren wollen, sie haben den Körper als ein lebendiges Geheimnis erlebt. So haben die Alchemisten, wenn sie etwas kochten, von dem sie selber nicht wußten, was es war, Phantasien dabei gehabt. Was wir heute zum Beispiel chemische Affinität nennen, wenn sich also zwei Substanzen unter Hitzeeinwirkung vereinigen, das haben die Alchemisten als eine Liebesaffäre erlebt. Das ist ja naheliegend: Die beiden Substanzen lieben sich so heiß, daß es eben heiß in der Retorte wird! Die daraus entstehende chemische Legierung nannte man dann das Kind ... Auf diese Weise haben die Alchemisten das, was wir heute als das Unbewußte bezeichnen, in der Retorte erlebt.

Als eine Art Projektion?

Ja, wir verwenden heute dafür das Wort Projektion. Das heißt nichts anderes, als daß man den inneren Tatbestand im Äußeren erlebt. Allmählich haben die Alchemisten angefangen zu merken, daß diese chemischen Vorgänge mit ihnen selber zu tun haben. Sie haben Gebets- und Joga-Übungen entwickelt, um die chemischen Vorgänge durch geistige Konzentration zu beeinflussen. So zerfiel die Alchemie in zwei Zweige: die mehr religiös orientierte, die durch introvertierte geistige Übungen gekennzeichnet war, und einen anderen Zweig, wo es auf eine möglichst unparteiische Beobachtung der Materie ankam. Dieser Zweig war ein Vorläufer der heutigen, modernen Chemie.

Aber müßte man eine Rückkehr zur Alchemie im Sinne ihrer religiösen Vertreter nicht als Rückschritt betrachten?

Gerade die neueren Forscher kommen, wenn auch auf andere Weise, wieder dazu, diese Abtrennung von Geist und Materie aufzuheben. Und dabei kann uns eine Auseinandersetzung mit der Alchemie helfen, da in ihr das Problem von innen und außen, von Geist und Materie, nie auseinandergefallen ist, wie das in unserer offiziellen kulturellen Tradition stattgefunden hat. Die Gegensätze sind beieinander geblieben. Und genau da landen wir heute wieder. Heute wissen die Physiker, daß ihre eigene psychische Konstellation einen Einfluß hat auf ein subatomares Experiment. Wenn wir tief genug in die Materie hinunterkommen, können wir nicht mehr objektiv bleiben. Wenn wir in die subatomare Welt eindringen, gibt es keine rein objektive Wissenschaft mehr. Das hat Niels Bohr zum ersten Mal gesehen, daß die mentalen Voraussetzungen des Forschers und seine Experimentanordnung einen Einfluß auf die Antwort der Materie haben, daß es einen Dialog von mind und Materie gibt. Und das ist die moderne Alchemie. Damit nähern wir uns heute wieder dem Problem, wie Psyche und Materie zusammenhängen. Da geht es weiter. Diese ganze künstliche Auseinanderpolarisierung von Geist und Materie, wie sie im christlichen Zeitalter Mode war, ist in gewissem Sinne überwunden.

Ich bin da etwas skeptisch. Mir scheint die Polarisierung schlimmer denn je. Da gibt es auf der einen Seite einen immer stärkeren Hang zum reinen Irrationalismus, auf der anderen Seite behauptet sich mehr und mehr die sogenannte exakte, keimfreie Wissenschaft . . .

Ja, aber das führt uns nicht weiter. Das spiegelt sich auch in der Weltgeschichte ... Die amerikanische Seite schimpft sich noch christlich, also dem Geist verpflichtet, obwohl sie in ihrer Handlungsweise rein materialistisch ist! Und die russische Seite schimpft sich materialistisch, hängt aber fanatisch einer Ideologie an. Wenn in der Realität der Idee etwas zuwiderläuft, dann muß die marxistische Doktrin aufrecht erhalten werden, auch wenn die Tatsachen dagegen sprechen. So sind beide Seiten in diesen Gegensätzen festgefahren.

Aber können wir zurück ins Mittelalter? Der mittelalterliche Alchemist hat seine Experimente durch geistige Exerzitien begleitet ...

Vor allem durch Gebete und Meditation, mit Aktiver Imagination also; die ‹imaginatio vera› spielte die große Rolle. Wenn ich die richtige schöpferische Phantasie habe, dann klickt es ...

Ich lebe in der Chemie-Stadt Basel, habe aber hier noch niemanden getroffen, der die Chemie auch als geistigen Prozeß betrachtet.

Ich kenne ein paar Basler Chemiker, die im geheimen sich für Alchemie interessieren. Aber das sagen sie natürlich nicht in ihrer Firma, und es sind vielleicht drei auf tausend. Die meisten Chemiker haben ja auch gar kein schöpferisch-wissenschaftliches Interesse, für die ist Chemie ein Beruf, keine geistige Herausforderung ... Schöpferische Individuen, die unabhängig von der Schulmeinung weiterforschen, gibt es immer nur ganz wenige. Zum Beispiel Professor Tadeus Reichstein, der Nobelpreisträger, hat von einem solchen alchemistischen Erlebnis berichtet. Als er das Cortison gefunden hatte, wollte es nicht auskristallisieren. Er hat seinem Assistenten gesagt, er solle dabei bleiben, während er sich schlafen legte. Er schlief ein und träumte von einer Stimme, die ihm sagte: Jetzt hat es auskristallisiert! In diesem Augenblick läutete das Telephon – und es war tatsächlich passiert. Sein Unbewußtes koinzidierte mit dem, was in der Retorte vor sich gegangen war.

Führt uns das nicht zu Jungs Begriff von der Synchronizität?

Ja, dazu, daß wir uns sagen müssen: Unser tiefstes unpersönliches Unbewußtes ist irgendwie mit den materiellen Umweltvorgängen in Verbindung.

Für die Naturvölker ist diese Verbindung eine Selbstverständlichkeit. Und sie haben Rituale, um diese Verbindung auch immer wieder herzustellen. Wir haben keine solchen Rituale mehr. Wie können wir diese Verbindung herstellen?

Wir haben unsere Träume, in denen sich das Unbewußte zeigt. Und wenn wir diese Träume analysieren, brauchen wir den Verstand dabei nicht aufzugeben, im Gegenteil, wir brauchen ihn dazu! Wir brauchen nicht zu den Ritualen der Naturvölker zurückzukehren, wir brauchen unser Kulturbewußtsein nicht hinter uns zu lassen, um in diese tieferen Schichten der Psyche einzudringen. Bei einer solchen Analyse geht man immer nur so tief, wie ‹Es› will. Wenn ‹Es› tief gehen will, geht man mit in die Tiefe, wenn nicht, dann bleibt man ein paar Jahre lang an der Oberfläche oder auf einer mittleren Ebene. Das ist ein individueller Prozeß, keine Manipulation. Eine Initiation, wie die Naturvölker sie kennen, ist eben doch noch eine Art kollektiver Manipulation des Einzelnen, der dadurch leicht überfordert wird, besonders wenn er aus unseren Kulturkreisen stammt.

Ich habe solche Erfahrungen mit Peyote-Zeremonien gemacht ...

Dann waren Sie sicher noch lange gespalten in einen Peyote-Anhänger und einen rationalen Europäer! Man kann natürlich auch mit Hilfe einer Droge in das Unbewußte hinabsteigen. Aber Jung hat sich dagegen ausgesprochen, weil man danach ‹Verdauungsschwierigkeiten› bekommt. Man läßt seinen Verstand auf der Strecke und weiß daher nicht, was geschieht. Wenn Sie dagegen durch einen inneren Prozeß dahin gelangen, sind Sie nicht in ein schwarzes Loch gefallen, sondern sind mit einer Lampe und einer Leiter hinuntergestiegen und können frei hin und her zirkulieren.

Die Einheit von Körper und Seele ist durch einen Bewußtseinsvorgang aufgehoben worden ... Wie kann man das wieder zusammenfügen, ohne all die mühsame Bewußtseinsarbeit der Kulturgeschichte für nichtig zu erklären?

Indem man eine Verschmelzung auf einer höheren Ebene anstrebt! Diese bewußtseinsmäßige Trennung von Körper und Seele war notwendig, um überhaupt unterscheiden zu können zwischen innen und außen. Diese Trennung war eine Rücknahme von Projektionen. So ist auch der lange Kampf des Mittelalters gegen den Aberglauben zu verstehen, auch das war ein Kampf gegen Projektionen. Das wurde dann durch die Aufklärung weitergeführt. Da sagte man: Hexerei, Schwarze Magie, das gibt es alles nicht, nur harte Statistik war angesagt. Man hat mit einer ungeheuren Anstrengung innen von außen getrennt und hat dadurch eine sogenannte materielle objektive Außenwelt etabliert, die man mit chemischen und physikalischen Experimenten erforscht. Und dem hat Jung eine objektive Innenwelt hinzugefügt, nämlich das sogenannte Unbewußte oder die Welt der Träume. In der offiziellen Psychologie sind diese beiden Welten noch immer streng getrennt. Innen hat man Komplexe, Zwangsvorstellungen und was Sie sonst noch wollen, je nach Schule ... Und außen hat man die materielle Welt. Wenn Sie aber tief genug graben, nach innen graben, dann kommen Sie auf psychische Schichten, die sich ganz ähnlich benehmen wie die subatomare Welt, so daß der Verdacht besteht – das ist noch nicht bewiesen –, daß es ein lebendiges Geheimnis gibt, das uns je nach der Perspektive, aus der wir es betrachten, anders erscheint. Betrachten wir es extravertiert nach außen, erscheint es uns als Materie, und wenn wir es introvertiert nach innen beobachten, erscheint es uns als das kollektive Unbewußte. Für diese vermutete Einheit hat Jung den Begriff ‹unus mundus› geprägt: die *eine* Welt. Man könnte das auch mit Einheitswirklichkeit übersetzen.

Und welche Rolle spielt dabei der Beobachter?

Der ist wie eine kleine elektrische Taschenlampe, die sich einmal nach außen richtet und dann die Objekte der Außenwelt anleuchtet oder sich nach innen richtet und die Objekte der Innenwelt anleuchtet.

Und worin bestünde jetzt die Kunst der Alchemie in unserer Zeit?

Die Alchemisten haben auch in einer psychophysischen Einheitswirklichkeitsvorstellung gelebt. Darum haben sie gesagt, es nützt nichts, ein chemisches Experiment zu machen, ohne dabei zu meditieren. Aber zu dieser Alchemie können wir nicht zurück. Aus heutiger Sicht erscheint sie uns als ein chaotisches Sammelsurium von außen und innen, eine chaotische Verwechslung von Außenwelt und Innenwelt. Aber es gibt gewisse Leitvorstellungen, die damals entstanden sind und die auf eben diese Einheitswirklichkeit hinweisen, die wir nun gewissermaßen auf moderne Weise wieder anstreben.

Was hätte das für Folgen, wenn man eine solche Einheitswirklichkeit erforschen und vermitteln könnte?

Daß die Spaltung zwischen Geist und Materie, zwischen Geist und Körper aufgehoben werden würde zugunsten einer demütigeren Einordnung des Menschen in die Natur. Der Geistkult der christlichen Tradition ist naturbeherrschend, der Geist hat die Priorität, die Natur muß sich unterordnen. Damit geht die Krankheit einher, die meint, alles sei machbar, alles sei manipulierbar; und dem entspricht der abscheuliche Ausdruck ‹die Dinge in den Griff bekommen› . . . All das ist eine Geistinflation.

Was geschieht, wenn wir diese Geistinflation zugunsten einer neuen Naturnähe aufgeben – werden wir dann andere Menschen?

Ich glaube in punkto Menschlichkeit kehren wir dann zu den Naturvölkern zurück; die sind ja im allgemeinen menschlicher als wir, weniger diabolisch rational . . .

Aber wie kommen wir dann noch mit der alles beherrschenden Technologie zurecht?

Heute besteht die Idee, daß wir die Materie ‹im Griff› haben, technologisch und in gewissem Grade auch im theoretischen Denken, allerdings nicht bis in die untersten Schichten, bei den Quarks wird es schummerig . . . Aber auf gröberer Ebene funktioniert die Sache mehr oder weniger, da sind die Dinge voraussagbar. Darauf ist unsre ganze Technologie und Industrie aufgebaut. Nur gibt es da immer wieder das sogenannte menschliche Versagen. Denken wir nur an Tschernobyl und die Katastrophe von Schweizerhalle. Für den Nichtpsychologen ist das menschliche Versagen einfach ein dummer Fehler; da hat eben einer vergessen, das Licht auszumachen oder den richtigen Hebel zu drehen. Wenn Sie diese Vorgänge aber psychologisch analysieren, müssen Sie fragen: Warum ist das in diesem Moment so passiert? Und dann werden Sie eine ganze psychische Kausalkette entdekken, die zu diesem sogenannten Zufall des menschlichen Versagens geführt hat. Da steckt nämlich das Unbewußte, das unbekannt Psychische, dahinter. Weder Tschernobyl noch Schweizerhalle sind das Resultat einer Absicht, eines Verbrechens, nicht die Folge eines bewußten Plans, sondern da hat das Unbewußte durchgeschlagen. Wir wissen ja auch aus unserer Alltagserfahrung, daß ein sogenannter zufälliger Autounfall eine unbewußte kausale Vorgeschichte hat. Da sind mächtige psychische Faktoren am Werk, die mit uns wie mit Marionetten spielen. Da merken wir, daß wir ganz und gar nicht alles ‹im Griff haben›. Da spielt die Psyche mit der Materie ein teuflisches –

oder auch ein gutes – Spiel . . . Wahrscheinlich werden wir mit unserer Forschung eben doch wieder bei den Indianern landen, die ja schon immer wußten, daß die Materie etwas Lebendiges hat. Darum können wir sie nie ganz unterwerfen, niemals völlig in den Griff bekommen. Sie spielt uns immer wieder Tricks. Im Privatleben erleben wir das als die Tücke des Objekts, und im Großen sind das die Katastrophen, von denen danach jeder sagt, er verstünde nicht, wie es dazu kommen konnte. Aber es gibt auch einfache Leute, die sich nicht darüber wundern. Die sagen, das sei die Rache der Natur dafür, daß wir sie so schlecht behandelt haben. Das ist naiv gesagt, aber trifft den Sachverhalt gar nicht so schlecht.

So müßte man also Erkennen und Wissen unterscheiden. Wir erkennen so manches, aber wissen deshalb nicht unbedingt mehr vom Wesen der Natur . . .

Ja, es bleibt ein entscheidender Rest, der uns unbekannt bleibt.

Und mit diesem Rest zu rechnen, wäre sozusagen das Grundprinzip der alchemistischen Wissenschaft?

Der normale Naturwissenschaftler rechnet nicht mit diesem Unbekannten. Das ist für ihn nur ein Ärgernis, das als Zufall oder menschliches Versagen beiseite geschoben wird.

Aber kann man mit dem Unberechenbaren rechnen?

Rational kann man nicht damit rechnen, aber man kann sich damit in Beziehung setzen. Und wenn man sich damit in Beziehung setzt, es anerkennt, wird die Materie wohlwollender. Dann bekommt man zum Beispiel vor einer Katastrophe einen Warntraum und kann sie vermeiden. Es geht also nicht darum, zu den abstrusen Vorstellungen der mittelalterlichen Alchemie zurückzukehren, sondern den Weg der Alchemie fortzusetzen, indem man Geist und Materie nicht auseinanderpolarisiert, sondern in einem dritten Medium, der menschlichen Psyche, zu vereinigen sucht.

Das Gespräch ist gekürzt im «Basler Magazin» Nr. 2, der Wochenend-Beilage der «Basler Zeitung» Nr. 12 vom 14.1.1989, erschienen. Es fand am 11. Februar 1988 in Küsnacht statt.

Frank Geerk, Friedensgasse 13, CH-4056 Basel

Bildernachweis

Umschlag
Der Lebensbrunnen als ‹fons mercurialis›. CARL GUSTAV JUNG: Psychologie und Alchemie. Zweite, revidierte Auflage, Zürich 1952, Abb. 25, aus dem ‹Rosarium Philosophorum. Secunda Pars Alchimiae de Lapide Philosophico vero modo praeparando . . .› Francofurti 1550.

Seite 47
MICHAEL MAIER: Symbola Aureae Mensae Duodecim Nationum (Francofurti 1617). Einleitung von KARL R. H. FRICK (Fontes Artis Chymicae 2), Graz 1972, 141.

Seite 61
Das Blockbuch von Sankt Meinrad und seinen Mördern und vom Ursprung von Einsiedeln. Farbige Faksimile-Ausgabe zum 11. Zentenar des Klosters. Einsiedeln 1961, Abb. 24 (die Abbildungen sind leicht vergrößert).

Seite 77
Ebenda, Abb. 27.

Seite 83
Ebenda, Abb. 43.

Seite 107
Epitaph für den Domherrn Segebade Clüver († 1547) im Dom zu Bremen, mit ursprünglicher Bemalung. Aufnahme: Lothar Klimek, Worpswede. Zitat nach C. G. JUNG: Psychologie und Alchemie. GW 12, Olten und Freiburg i. Br. 1972, § 529.

Publikationshinweise

JUNGIANA · Beiträge zur Psychologie von C. G. JUNG

Demnächst erscheint:

Reihe B Band 1:

HANSUELI F. ETTER: Der Schöpfungsteppich von Girona. Ein hochmittelalterliches Gottesbild aus dem christlichen Spanien

In Vorbereitung:

Reihe A Band 2:

Aufsätze, Vorträge

Reihe B Band 2:

WILHELM JUST: Bilder der Schöpfung in Physik und Mathematik

Reihe B Band 3:

PEDRO PENTEADO KUJAWSKI: Die Nago-Religion in Brasilien

Weitere Neuerscheinungen

HANSUELI F. ETTER, URS BAUR, JÜRG HANSER, JÜRG E. SCHNEIDER: Die Zürcher Stadtheiligen Felix und Regula. Legenden, Reliquien, Geschichte und ihre Botschaft im Licht moderner Forschung. Zürich 1988

ALFRED RIBI: Was tun mit unseren Komplexen? Über die Dämonen des modernen Menschen. München, Kösel-Verlag 1989

MARIE-LOUISE VON FRANZ: Psyche und Materie. Einsiedeln, Daimon Verlag 1988

MARIE-LOUISE VON FRANZ: Spiegelungen der Seele. Projektion und innere Sammlung in der Psychologie C. G. JUNGS (Neuauflage). München, Kösel-Verlag 1988

MARIE-LOUISE VON FRANZ: Schöpfungsmythen (in Vorbereitung). München, Kösel-Verlag

Zeitschriften, Sammelbände

GOTTHILF ISLER: Das rätoromanische Margaretenlied – eine seelische Tragödie. Zur Bedeutung der ‹canzun de sontga Margriata› für unsere Zeit. Terra plana. Vierteljahreszeitschrift für Kultur, Geschichte, Tourismus und Wirtschaft, Mels 1988, Heft 4, 10–18

mineralis
vegetabil